古诗苑汉英译丛

乐 府

今 译 林 希
英 译 杨宪益 戴乃迭等

外文出版社

图书在版编目（CIP）数据

乐府：汉英对照/林希今译；杨宪益等英译.
-北京：外文出版社，2001.1
（古诗苑汉英译丛）
ISBN 7-119-02821-9

Ⅰ.乐… Ⅰ.①林… ②杨… Ⅲ.英语-对照读物，乐府诗-汉、
英 Ⅳ.H319.4：Ⅰ

中国版本图书馆 CIP 数据核字（2001）第 00316 号

外文出版社网页：http://www.flp.com.cn
外文出版社电子邮件地址：info@flp.com.cn
　　　　　　　　　　　　sales@flp.com.cn

今　　译：林　希
英　　译：杨宪益　戴乃迭等
插　　图：高　俊　王　钧
美　　编：上官丰　周大光
封面设计：吴　涛
责任编辑：兰佩瑾　蔡莉莉

乐　府

ⓒ外文出版社出版
（中国北京百万庄路 24 号　邮编：100037）
北京中印联印务有限公司
2001 年第 1 版
2005 年第 1 版第 2 次印刷
开本：203×135 毫米　1/32　印张：7.125
字数：90 千字
ISBN 7-119-02821-9/Ⅰ.684(外)
定价：12.00 元
总定价（全 5 册）：72.00 元

目 录

把三千年的过去译给未来

——古诗苑汉英译丛总序

野莽

一字一音地编读完这套译丛，打开电脑作序，不知怎么就跳出了这一句话。不敢说有什么诗意，倒自觉得更像是一句流行于二十世纪末的通俗歌词。不过中国最古的诗和歌生来一体，而我们的这套译丛，则恰好是五本古典诗歌的今译，因此这个序名的无论似诗或歌，都可以算是比较说得过去的了。

岂止是诗歌，丛书中的六个品种，即古诗、译诗、题析、注释、图画、英译，每一种又都是一门学问，读了它除却可做诗人，还可做学者、画家和翻译，甚而至于兼各科为一的大文士。《宋书·符瑞志下》曰："草木花多五出，花雪独六出。"古人又云："瑞雪分六出，乐兆丰年。"出者角也，前者是说唯有雪花比草木之花多长了一角。当然这话是宋朝的脑筋急转弯，雪花与草木之花原本是不同科的，何况草木之花中花瓣比六角还多的比比皆是。后者则是说明六角瑞雪的好处。本书体例取其诗意，不予雄辩，而欣喜于六角雪花的吉兆。

我的要求是古诗中的每一个字词，都准确而优美地翻译在新的诗中，并且句数相等，尤其也要有着韵律。要达到以上各项指标，自然是一件困难的事情，但是我却不能为了容易,就在这五卷诗书上胡作非为。我恍如独钓寒江的笠翁,忽而又拔剑四顾,在茫茫人海中寻找着合适的译者。于是,选中了四位所信赖的作家,两位是二十年来驰骋于中国当代文坛的短篇大王,宝刀愈锋的南王聂鑫森和倚马万言的北王阿成,一位是妙著满天的津门文侠林希,一位是名扬海外的楚天儒士杨书案。对于这套译丛而言,以上是当代作家包括走红作家中极为难得的几位,通过他们大量文章中的文化韵味,我认准了他们的涉猎之广,学识之博,修养之深,品位之高,足可以担纲译古为今的重任。特别难得的还有一条,记忆中的他们都是诗人出身的小说家,以原名侯红鹅的林希先生为例,早在1955年,19岁的他,七月派诗人的浪漫追随者,78名"胡风反革命集团份子"中最年轻的一名,已经写出许多同那个年代一道溶入历史的诗篇了。

如同相信人无完人,我也相信着才有通才。回想近些年来,每当我将作出一项大的出版计划的时候,脑子里总会自然而然地走来以上几位朋友。私心中有一个想法稀奇古怪而又顽固不化,我这样想着,假使某一天我邀请他们各自写一本关于二十一世纪中国的前途和命运的书,他们同样会写得比别人精彩。当然,研究原子弹的论著应当除外。这套丛书的译者我之所以选择了曾是诗人的作家而非一直研究的学者,还有一个主要的因素,乃是希望那些已被历朝各代无数专家逐一考证过的千古绝唱,此次能够以别一种诗,一种潇洒自如才华横溢但却信达典雅再现原作的白话新诗的形式,连同精到的题析和美丽的图画,展示在不满足于仅有注释的青年读者的眼前。我是觉得我们的青年读者在咀嚼古典的同时,还应该被熏染上一点灵动的想象和飞扬的才气,能够学会做诗更好。由于我的近乎苛刻的总体构思,这一套向世界的新千年献礼的译丛,一定要光彩照人地出现在中国首都的新书展台,因此和过去的历次合作一样,他们作为任务接受了我的邀请,并且立刻停止了手里的文事,延迟了别家的稿期,闭门谢客,埋首俯案,引经据典,高歌长吟。

二十天后,南王聂鑫森的《宋词》译注和北王阿成的《唐诗》译注几乎同时来到我的案上。写过老、庄、孔、孙、韩非诸子以及炎黄始祖的杨书案,他的选题是我命定的,因是楚人,必译《楚辞》,他居然敢继郭老沫若先生的诗译离骚之后,苦心孤诣将屈子那长达数百行的《离骚》一韵到底地翻译下来。而分得《乐府》的林希此时恰好处在一件好事的节骨眼上,新买的宝舍正大兴砖木,连书房也进去不得,他把电脑搬到走廊上,因陋就简地给我敲起了《孔雀东南飞》。最迟也不过一月有余,海蓝色的特快专递又到了我的手中。多年来一到关键时刻,我们之间就开展着这种蓝色的联系。蓝色大信封里有一张张小巧的磁盘,插入电脑软区将它打开,漂亮而工整的译诗令我心生感激。载有译诗的特快专递,使我鬼使神差想起一种名叫快译通的电器,不禁独自得意,开心不已。

"六角雪"中还有重要的一角,对于某一类读者来说,这一角也许有着顶尖重要的意义,那就是英译。纵然在中西文化的鸿沟边,从来就残酷地竖立着一块禁牌,于是一个"诗不可译"的神话就像真理一样在学术界四下流传。然而我们的青年读者,你们知道这套经典古诗的英文译者是谁吗?本世纪的三十年代,在英国牛津留学的有一位名叫杨宪益的中国才子,他曾经第一个以《红楼梦》的美妙译文倾倒了西方人。这位名不虚传的中国当代首席翻译家和他的英国夫人戴乃迭,自五十年代起就领导着一批学贯中西,籍贯也横跨中西的翻译家,用了半个世纪的时间将这批古诗点滴译成,相继刊发,今天第一次汇为本译丛的洋洋五卷。非常痛心,五卷古诗的主要译者之一,英国传教士的女儿,杰出的英文翻译家,生于中国嫁于中国的戴乃迭女士,就在这五卷浸透了她一生心血的中国古诗的出版过程中,竟长眠于她的第二故乡中国了。我们在此向她致以深深的敬意和浓浓的哀思,也请英文读者们永远地记住她的名字。

谈到英译,必须向读者说明一个大家也许很快就会觉察的问题,那就是古诗英译和白话诗译的句式、风格乃至词意的不尽相同。此中的原因非常简单,多少年前的英文译诗是直接取自古诗,而多少年后的白话译诗更是直接取自古诗,它们就好比一个父亲不同情况下的两个孩子,如果它们分别更像自己的父亲,而兄弟之间略存差异,这便恰好是比较合乎逻辑的了。在《宋词》这一卷中,其英文译作在过去的期刊上发表以及以某种对照文本结集出版的时候,均以词牌的名字替代了词名,这次因考虑到同一词牌,甚至同一作家同一词牌的作品不在少数,而词牌作为一种词作韵调句式的外在体例,是不能够代表其词的真意的,于是在本译丛的这一卷中采取了在原词牌下统统加上本词首句英译文的办法。这办法未必是最合适的,其它内容方面尚待商榷的问题也许更多,由于译、注、编、校等各个环节人员的有限的水平,谬误之处自当难免。我们从首版印发之前就开始研究解决的办法,其中包括请各界读者批评指出之后,当再版的时候我们进行认真的修订,以求逐步提高和完善,使其真正成为青年必读的好书。

专家考证,自《诗经》中第一首诗歌始,迄今已有了近三千年的诗的历史。在下一个千年到来之际,向世界号称诗国的我们将三千年的经典诗词进行精编新译,隆重出版,以此作为对未来世界的一项文化献礼。

是为古诗苑汉英译丛总序。

1999 年 11 月 25 日·听风楼

战城南

　　汉武帝刘彻(公元前 188 — 前 141 年),刚愎自用,连年征战,民间饱受战争之苦,《战城南》一诗,就正是那个时代民间疾苦的真实写照。

　　腐败的兵役制度,给千家万户带来了可怕的灾难,就是在汉武帝发动的一次次征战之中,不知道有多少人死于战争,真是家家户户都逃不脱悲惨的命运。横尸遍野,血流漂杵,是汉武帝时代征战中常见的景象。人们反对战争,就向帝王发出了反抗的声音:"禾黍不获君何食?"这已经是向君王提出了严肃的抗议了。把国家毁到这般地步,田地都没有人种了,你吃什么呢?

战城南

战城南，
死郭北①，
野死不葬乌可食②。

为我谓乌：
"且为客豪③。
野死谅不葬，
腐肉安能去子逃？"

水深激激④，
蒲苇冥冥⑤。
枭骑战斗死⑥，
驽马徘徊鸣⑦。

---

① 郭：外城。

② 野死：死在荒野。乌：乌鸦。

③ 客：指战死者。因为多是异乡人，所以称"客"。豪：同"嚎"，号
哭。

④ 激激：水清澈的样子。

⑤ 冥冥：幽暗的样子。

⑥ 枭骑：勇猛善战的骏马。这里指勇敢的骑马战士。

⑦ 驽(nú音奴)马：劣马。这里隐喻庸碌偷生的人。

（梁）筑室①，
何以南（梁），何以北，
禾黍不获君何食？
愿为忠臣安可得？

思子良臣，
良臣诚可思：
朝行出攻，
暮不夜归。

① 梁：表声的字。下同。按古乐府歌辞的著录，本辞写成大字，泛
声写成小字。乐人以声音相传，不注重词义的解释。这就使得
后来的乐录声辞相杂，混为一体，既不足以传声，又使字句讹
误，文义难寻。对于这些不易读通的字句，我们不必"强为索
解"。筑室：指土木工事。

战城南

刀光剑影战城南，
战死城北熄狼烟；
陈尸郊外，
乌鸦争食成美餐。

冤魂且对乌鸦语：
"你当为我泣苍天，
荒野暴尸不得葬，
冤魂腐肉恨万年。"

清清河水荡漪涟，
茂密蒲苇最幽暗；
勇猛骏骑悲壮死，
逃生驽马嘶呜咽。

被征徭役的壮士筑屋室，
南北奔波一年年；
田园荒芜，天子又该吃什么？
劳累至死更可怜。

君王治国求良将，
忠君将士何所谓？
清晨出征去，
夜暮不归还。

Fighting South of the City

There is fighting south of the city,
Slaughter on the northern outskirts;
The dead lie unburied in the wilds,
Serving as carrion for crows.

Beg the crows for me:
"Lament these strangers first!
Dead in the wilds, not likely to be buried,
How can their carrion escape you?"

Deep and clear the water, dark the reeds:
Brave horsemen fought here and died;
Their jaded steeds linger on, neighing.

If houses are built on the bridge,
Who can cross to north or south?
If crops are left unharvested,
What food will there be for our lord?

And his would-be subjects —
How can they remain loyal?
Take thought indeed for them,
These loyal subjects are worthy of remembrance;
They went out in the morning to fight,
But in the evening did not return.

有所思

　　背叛爱情的人,总要遭到谴责。

　　谴责本来就是一种精神批判,但批判的权利却并不属于弱者。乐府诗中的名篇《上山采靡芜》,只有弱者的控诉,而没有弱者的反抗。在夫权社会中,男人永远有权利拥有爱情,更永远有权利遗弃爱情,而被遗弃的女子,只能顺从地接受被遗弃的命运,永远也不敢有自己的反抗。在《上山采靡芜》一诗中,那个惨遭遗弃的女子,于山路上巧逢遗弃了自己的前夫,竟然还要跪下向前夫询问"新人复何如",这对于现代的中国女性来说,真也是不可思议的事情了。

乐 府

有所思

有所思，
乃在大海南。
何用问遗君？
双珠玳瑁簪①，
用玉绍缭之②。

闻君有他心，
拉杂摧烧之③。
摧烧之，
当风扬其灰。

从今以往，
勿复相思！
相思与君绝！

---

① 双珠玳瑁(dàimào 音代冒)簪：两端各悬一珠的玳瑁发簪。
② 绍缭：缠绕。这里是指簪的两端各用一条丝绳垂下一颗玉来。
③ 拉杂：折碎。

鸡鸣狗吠，

兄嫂当知之。

（妃呼豨①），

秋风肃肃晨风飔②，

东方须臾高知之③。

---

① 妃呼豨(xī 音希)：表声字，无意义。

② 肃肃：同"飕飕(sōusōu 音搜搜)"，风声。晨风：鸟名。闻一多引《说文》讲是鴳，即野鸡。按《说文》："翰，天鸡赤羽也。……《逸周书》曰：大翰若翚雉，一名晨风，周成王时蜀人献之。"是说像野鸡，并非即野鸡。闻说不确。古人认为雉晨鸣有求偶的意思。飔(sī 思)：当作"思"，怀恋同类。

③ 高：读作 hào，同"皓"，白。这里指天色已白。

有所思

永远永远的思念呀，
你远去未归，直到海南端；
该记得，临别时曾想送你的信物，
一支镶嵌着双珠的玳瑁簪，
丝线下系着两块美玉更斑斓。

谁料你无情觅新欢，
折断玉簪掷火中，
烧成灰烬，
愤恨中看灰烬任风吹散。

自今之后，
不再相爱，不再思念，
千恩万爱尽绝断。

曾经我们瞒着兄嫂相约，
唯恐惊起鸡鸣犬吠。
逝去了吧，
瑟瑟秋风传来鸟儿相求的呼唤，
东方破晓，我心空旷如无云的长天。

The One I Love

The one I love
Lives south of the great ocean.
What shall I send to greet him?
A tortoise-shell comb with two pearls
Hung from pendants of jade.

They tell me he is untrue
And I shatter the gift and burn it,
Shatter the gift and burn it,
And scatter its ashes to the wind.

From this day on
No more must I think of him,
No more must I think of the time.

When the crowing of a cock, the barking of a dog,
Made me tremble lest my brother and his wife hear us.
Shrill wails the autumn wind,
Swift the sparrow-hawk takes flight;
Soon the sun will rise in the east
And shed light upon my heart!

上 邪

　　与其说是一首诗,更像是一种呼号,类如海誓山盟,一个女子向她的情人吐露坚贞的情爱,果然是一片"海枯石烂心不变"的忠贞,是一种最高的精神境界。

　　爱情因恒久而无限圣洁,爱情的坚贞比自然万物更恒久,由此,情感才是一种力量。

上　邪

上邪①！
我欲与君相知②，
长命无绝衰③。

山无陵④，
江水为竭，
冬雷震震，
夏雨雪⑤，
天地合，
乃敢与君绝！

① 上邪：犹言"天啊"。
② 相知：相爱。
③ 命：古与"令"字通，使。
④ 陵：山峰。
⑤ 雨雪：降雪。

上　邪

苍天呀,苍天,
听我爱的誓言:
献出如生命一般恒久的爱情,
相许我心中的少年。

即使群山被夷为平地,
即使江河湖海最后枯干;
隆冬严寒滚动惊雷,
仲夏盛暑落下雪片,
即使世界化为混沌,
坚贞的爱情依然永远,永远……

A Pledge

By heaven,
I shall love you
To the end of time!

Till mountains crumble,
Streams run dry,
Thunder rumbles in winter,
Snow falls in summer,
And the earth mingles with the sky —
Not till then will I cease to love you!

江 南

　　精致到完美,完美得如一颗明珠,艺术的隽永,
常常就在平易之中。不加任何修饰,重复的四句诗
更饱合着歌唱者的丰满艺术感觉,形象鲜明,文字活
泼,一个画面,而且是一个动感的画面,或者是鱼儿
在莲叶的四周戏游,或者还是采莲人在莲池中的漂
移,如此才看到了鱼戏莲叶间,你一定听到了划橹的
声音,也听到了鱼儿戏水的声音。诗中有画,民间歌
者所创作的艺术珍品,万世留传,直到今天依然闪耀
着迷人的艺术魅力。

江　南①

江南可采莲，
莲叶何田田②。
鱼戏莲叶间。

鱼戏莲叶东，
鱼戏莲叶西，
鱼戏莲叶南，
鱼戏莲叶北。

---

① 此诗为汉乐府古辞。
② 田田：叶浮出水面，挺秀鲜碧的样子。

江 南

江南荷塘好采莲；
荷叶片片露笑颜，
鱼儿戏游荷叶间。

鱼儿游到东，
鱼儿游到西；
鱼儿游到北，
鱼儿游到南。

Gathering Lotus

South of the river is the place to gather lotus,
   Where among teeming leaves
   Fish dart and play!
   North and south,
   East and west,
Between the lotus leaves they dart and play!

乐 府

陌上桑

美丽的容貌,永远的女性的骄傲。

而女性的美貌又永远是对权力的挑战,中国最看不起那种将美貌出卖给金钱和权势的女性,而唯有敢于蔑视金钱和权势的美貌女子,才是令平民百姓扬眉吐气的好女子。

乐

府

乐府

陌上桑

日出东南隅①，
照我秦氏楼。
秦氏有好女，
自名为罗敷②。

罗敷喜蚕桑③，
采桑城南隅。
青丝为笼系④，
桂枝为笼钩⑤。

头上倭堕髻⑥，
耳中明月珠⑦。
缃绮为下裙⑧，

---

① 隅：方。
② 罗敷：采桑女的名字。
③ 蚕桑：指采桑养蚕。
④ 青丝：青色的线绳。笼：篮子。系：系篮子的绳。
⑤ 钩：篮上的提柄。
⑥ 倭堕髻：即堕马髻。
⑦ 明月珠：宝珠名，产于大秦国(罗马帝国)。
⑧ 缃(xiāng 音湘)：浅黄色。绮(qǐ 音起)：有花纹的丝织品。

紫绮为上襦①。

行者见罗敷，
下担捋髭须②。
少年见罗敷，
脱帽着帩头③。

耕者忘其犁，
锄者忘其锄。
来归相怨怒，
但坐观罗敷④。

使君从南来⑤，
五马立踟蹰⑥。
使君遣吏往，
"问是谁家姝⑦。"

"秦氏有好女，
自名为罗敷。"

---

① 襦(rú 音儒)：短袄。
② 下担：放下担子。捋(lǚ 音吕)：顺着抚摩。髭(zī 音资)须：胡子。
③ 帩(qiào 音俏)头：即绡头，古代男子包头发的纱巾。
④ 但：只是。坐：因为。
⑤ 使君：当时对太守、刺史的称呼。
⑥ 五马：汉朝太守有用五马驾车的。踟蹰：徘徊不前。
⑦ 姝：美女。

"罗敷年几何?"
"二十尚不足,
十五颇有余。"

"使君谢罗敷①,
宁可共载不②?"

罗敷前置辞③:
"使君一何愚④!
使君自有妇,
罗敷自有夫。"

"东方千余骑,
夫婿居上头⑤。
何用识夫婿?
白马从骊驹⑥,
青丝系马尾,
黄金络马头⑦,

——————

① 谢:谦词。这里是问的意思。
② 宁(nìng 音泞)可:犹言愿意,情愿。共载:同乘一车。
③ 置辞:致辞,答话。
④ 一:语助词,有加强语气的作用。何:多么。
⑤ 上头:行列的前头。
⑥ 骊驹:纯黑的小马。
⑦ 系(jì 音记):绾结。络:络头,这里用作动词,上着络头。

腰中鹿卢剑①，
可直千万余②。

十五府小史③，
二十朝大夫④，
三十侍中郎⑤，
四十专城居⑥。

为人洁白皙⑦，
鬑鬑颇有须⑧。
盈盈公府步⑨，
冉冉府中趋⑩。
坐中数千人，
皆言夫婿殊⑪。"

陌上桑

乐

府

---

① 鹿卢：一般写作辘轳，井上汲水的滑轮。剑柄上用绦带缠绕，形似辘轳的剑称鹿卢剑。

② 直：同值。

③ 府小史：太守府的小吏。

④ 朝大夫：朝廷的大夫。大夫是官名。

⑤ 侍中郎：官名，皇帝的侍从官。

⑥ 专城居：这里指太守。

⑦ 为：其。为人，其人也。皙(xī 音西)：白。

⑧ 鬑鬑(lián 音连)：鬓发长貌。这里指胡须长。

⑨ 盈盈：步履轻盈貌。公府步：指做官人走路的步伐。

⑩ 冉冉：行步舒缓貌。

⑪ 殊：突出，与众不同。

陌上桑

旭日升起在东方，
秦姓人家的楼阁披着霞光；
秦家美丽的女儿叫罗敷，
迷人的容貌像是一轮圆月亮。

家中罗敷勤养蚕，
城南郊外来采桑；
竹篮下摇动着青丝穗，
挂树枝的篮钩好大方。

头上梳着美丽的发髻，
明月珠的耳坠儿闪光芒；
澄澄的黄裙轻摆动，
紫红的短袄更漂亮。

路上的行人看见罗敷，
放下担子痴张望；
年轻人看见罗敷走过来，
脱帽表示心中的敬仰。

田间扶犁的农夫停下耕种，
路边锄草的人把锄头放在一旁；
人们忘掉一切的烦恼和恩怨，
只默默地看着罗敷姑娘。

自视不凡的一个官员自南而来，
勒住他的骏马，站在路旁，
派遣他的差人去向路人询问：
"她是谁家的女儿，如此漂亮。"

"迷人的女儿叫罗敷，
秦姓人家的好姑娘。"

"敢问姑娘十几岁？"
"含苞刚过十五岁，
二十未及已成人。"

"马上官吏有情意，
姑娘相许随我去。"

姑娘回答微嗔怒，
"你自命不凡脑发昏；
身为丈夫你有妻室，
罗敷更有意中人。"

"城中骏马有千匹，
最英俊的青年是夫婿；
城中识他也不难，
潇洒白马是坐骑。
马尾青丝轻摆动，
马头鞍辔镶黄金；
腰间佩带鹿鞘剑，
稀世珍宝美绝伦。

十五岁他进官衙断疑案，
二十岁登殿做大臣，
三十高官侍中郎，
四十盛名居城中。

皮肤洁白更细嫩，
冉冉的胡须更飘逸；
神采非凡款款步，
府第阔绰宝贵人。
高朋满座谈笑间，
最受人敬仰的，便是我的意中人。"

By the Roadside Mulberry

The morning sunlight
Shines on the Qin mansion
Whose pride is the lady,
The lady Luofu.

For the silkworms she tendeth
She strippeth the mulberries
Which grow to the south;
From the cassia her basket
Hangs by a silk ribbon.

She has hair neatly braided,
Pearl earrings like moonbeams,
Silk petticoat yellow
And apron of purple.

When a wayfarer sees her
He sets down his burden
Awhile, strokes his beard.
A youth when he sees her
Doffs cap and salutes.

The ploughman leaves ploughing,
The hoer his hoeing,
And back in their houses
Find fault with their wives,
Having gazed on Luofu.

From the south comes a lordling
In carriage with five-horses；
Surprised, halts and sends one
To make an inquiry,
"Who is that beauty,
And who are her kin?"

"She is one of the Qins,
And her name is Luofu."

"And what may her age be?"
"Her summers not twenty,
Yet more than fifteen."

Then he, condescending,
Says,"Luofu, will't please you
To enter my carriage?"

She faces him boldly,
And thus makes reply:
"What nonsense you talk, sir!

You have your own wife,
And I my own husband.

From the east ride a thousand
With him at their head.
And how shall you know him?
By the white horse he rides,
By the black colt that follows,
Their silk-braided tails
And their gold-braided halters;
By the sword at his side,
With its hilt of jade fashioned,
For which he paid millions.

At the age of fifteen
He kept prefecture minutes,
A scribe in his twenties,
At thirty a minister;
Now, being forty,
He governs a district.

His skin is so fair
And he wears a long beard.
He moves in the *yamen*
With step slow and stately;
He sits among thousands
Who own him their best."

饮马长城窟行

　　长城永远是中华民族的骄傲,长城象征着中华民族向往和平的美好心愿,但长城也记载着千百年来不息的战争。

　　征战给平民百姓带来的只有离散,征战摧毁了不知道多少人家的幸福,既然怀念已经被千家万户诵唱成谣曲,那么这就说明蒙受战争灾难的不会只是少数人家。这首乐府诗的感人,还在于远在他乡的亲人,竟然在他托人带回来的家书中,嘱咐他的妻子要多加餐,这就从更深的层面挖掘了反战的主题,艺术的魅力只能源于真实的感受,只有深受战争之苦的人,才会唱出如此感人的诗篇。

饮马长城窟行

青青河畔草，
绵绵思远道①。
远道不可思，
宿昔梦见之②。

梦见在我傍，
忽觉在他乡。
他乡各异县，
展转不相见。
枯桑知天风，
海水知天寒。
入门各自媚③，
谁肯相为言④！

乐

府

---

① 远道：指远道之人，即远出的丈夫。
② 宿昔：即宿夕，指昨夜。
③ 媚：欢爱。
④ 相为言：传音讯。言，指信息。

客从远方来，
遗我双鲤鱼①。
呼儿烹鲤鱼，
中有尺素书。
长跪读素书②，
书中竟何如？
上言加餐食，
下言长相忆。

---

① 双鲤鱼：古人送信，用两块刻成鱼形的木板把信夹在里面。根据的是所谓鱼雁传书的传说故事。

② 长跪：古人席地而坐，两膝碰地，足跟垫着臀部。若直起腰来成跪的姿势，身体似乎加长了，故称长跪。

饮马长城窟行

河畔的野草呀，青又青，
思念的亲人呀，饮马在长城；
迢迢千里，隔断了青春的爱情，
只在夜深，回到我梦中。

梦中见你近在身边，
又想起离乡背井水重重；
恩爱的夫妻隔着千山万水，
难得相见叙深情。
枯萎的桑榆方知天风冷，
涛涛的海水更知寒冷在严冬。
羡慕还乡的人儿享恩爱，
亲人的消息，谁传送？

终于客从远方来，
鱼雁传书送家中；
唤儿取出亲人信，
字字句句暖我心。
跪坐席上读来信，
从头到尾看分明：
嘱我加餐多保重，
相思相忆恩爱情。

A Wife Longs For Her Husband

Green, green, the grass by the river,
And in thought I follow it far, far away;
So far that I can hardly picture him,
And yet last night I saw him in a dream.

In a dream he was by my side,
But I woke and he was in a distant land,
A distant land, strange parts;
Tossing and turning I longed for him in vain.
Even a withered mulberry feels the wind,
Even the ocean water feels the cold.
Men come home to fondle their dear ones,
Who would carry word to me?

But a stranger from far away
Brings me two fine carp, *
I call the boy to cook them
And find in them a message on white silk.
I kneel to read —

---

* In ancient times letters were placed between two pieces of wood cut in the shape of a fish.

What does his letter say?

"Take good care of your health," he starts,

And ends, "You are every moment in my thoughts."

东门行

　　贫穷是压在古代人民头上的一座大山，而所有走投无路的人，最后唯一的出路就是离家远行、铤而走险；至于远去之后又将是一个什么结局，一切都没有希望，命运不可预测，但通常不会有好运气。

东门行

出东门，
不顾归①。

来入门，
怅欲悲。
盎中无斗米储②，
还视架上无悬衣③。

拔剑东门去，
舍中儿母牵衣啼④：
"他家但愿富贵，
贱妾与君共铺糜⑤。
上用仓浪天故⑥，
下当用此黄口儿⑦。

---

① 顾：思，念。
② 盎(àng)：肚大口小的瓦罐。
③ 还视：回视，回首看。
④ 儿母：指主人公的妻子。
⑤ 铺：吃。糜：粥。
⑥ 用：因。仓浪天：苍天。故：缘，缘由。
⑦ 黄口儿：幼儿。

今非①！"

"咄②！
行！
吾去为迟！
白发时下难久居③。"

① 今非：是说今去铤而走险不对。
② 咄（duō 音多）：指丈夫因妻子一再劝阻而发出的埋怨声。
③ 这三句是说，我要走了！我现在出门都已经晚了！我头上的白发已不时地脱落，实难再在家久待了！

东门行

男子奋然出城东，
妻子劝阻莫远去。

"每次推开自家门，
贫穷的景象心伤凄，
米坛里没有半斗米，
高悬的衣架上没有御寒衣。"

佩剑离家门，
家中妻儿牵衣泣：
"不羡慕他人的荣华富贵，
贫贱夫妻共粥糜。
安命知天，天意不可改，
膝下的孩儿当顾及，
远去他乡更何必。"

"唉！
只能远行啊，
悔我发奋为时晚，
鬓边的白发，催我不当图安逸。"

The Eastern Gate

Outside the eastern gate
He hardly dare go home.

Once over the threshold,
He chokes with grief again:
Not a peck of rice left in the pot,
Not a coat on the peg behind...

Sword in hand he starts back to the eastern gate,
But his wife clutches at his sleeve and weeps.
"Others may hanker after rank and riches,
I am content to share your gruel with you.
By the blue sky above,
Think of your unweaned child!
Do not do this thing!"

"Bah! Let me go!
Already it is too late.
Are we to drag on like this
Till our hair is white?"

白头吟

　　白头到老，是中国人对于爱情最最美好的祝愿，但在背信弃义男人的心里，情感是可以背叛的。

　　可贵的是女子心间对于坚贞爱情的向往，这不仅是对于命运的抗争，更是一种社会批判。歌者相信一定能够找到可以白头到老的情人，因为她相信生活的美好。

白头吟

皑如山上雪，
皎若云间月。
闻君有两意，
故来相决绝。

今日斗酒会，
明旦沟水头。
躞蹀御沟上，
沟水东西流。

凄凄复凄凄，
嫁娶不须啼。
愿得一心人，
白头不相离。

竹竿何袅袅，
鱼尾何簁簁①。
男儿重意气，
何用钱刀为。

---

① 簁簁(shīshī 音尸)：形容鱼尾像濡湿的羽毛。在古代歌谣里，钓
鱼常作男女求偶的象征隐语。

白头吟

皑皑如高山顶上的积雪，
皎洁似云间的圆月；
知你背叛了你我之间的情爱，
我来与你诀别。

今日再饮一杯酒，
明朝分手河尽头；
渠河水清潺涓涓，
西东而去各自流。

树上白头鸟更凄凄，
相随而去不须啼；
但愿觅得知心人，
白头到老不分离。

纤细的竹枝多柔弱，
水花溅飞跃游鱼；
男儿自强心志高，
何图钱财无情义？

To a Faithless Husband

Plain as snow on the hills,
Clear as moon among the clouds
Is your change of heart, they tell me;
And so I've come to bid you good-bye.

Today we've drunk a measure of wine,
Tomorrow we must part by the canal.
I shall walk beside the royal canal
Whose waters flow east and are gone,

And wonder if my grief will ever end.
No girl need cry when she's married
If her husband is a single-hearted man
Who will not leave her till her hair is white.

Pliant the bamboo fishing rod, *
Wet, wet, the tail of the fish.
A man who valued constancy
Would set no store by money!

---

* In old Chinese folk songs, "fishing" was often a covert allusion to lovers' meetings. The neglected wife is thinking back to their courtship.

怨歌行

　　令人钦佩的古人精巧构思,竟然把爱情表现得如此美丽,一点点情怨,包容着少女羞涩的愿望,在一把团扇上系结着隐隐的情爱,而且表现得淋漓尽致,民间歌者的创作灵感,就连今天的诗人也会为之叹服的。

乐府

怨歌行

新裂齐纨素①，
鲜洁如霜雪②，
裁为合欢扇③，
团团似明月④。

出入君怀袖，
动摇微风发。
常恐秋节至，
凉飙夺炎热⑤。

弃捐箧笥中⑥，
恩情中道绝。

① 纨素：精细的生绢。以齐地出产的最负盛名。
② 鲜：鲜新华美。《文选》作"皎"。
③ 合欢扇：即有合欢图案的扇子。
④ 团团：一本作"团圞"。
⑤ 凉飙(biāo 音标)：即凉风。《玉台新咏》作"风"。
⑥ 箧笥(qièsì 音切似)：盛东西的竹器，方者称笥，小箱称箧。

怨歌行

剪裁精美的丝绢，
白如霜花雪片；
绘出脉脉合欢图，
制成圆月一般的合欢扇。

合欢扇不离你的怀袖，
习习的微风中有我悄悄的爱恋；
只愁秋日近，
凉爽的秋风将炎热的酷暑驱散。

合欢扇被收藏进箧箱，
将我的恩情绝断。

The Fan

Fine, freshly woven silk of Qi
Is white as frost or snow;
A piece, embroidered, makes a fan
As round as the bright moon.

My lord keeps the fan about him,
Its motion makes a gentle breeze for him;
But I dread the coming of autumn
When cold winds steal away the sultry heat.

And the fan is tossed, unwanted, into a casket,
Its short term of favour ended.

枯鱼过河泣

可以把这首乐府诗归类为哲理诗的范畴，形象和思想交融得和谐而又准确。

哲理永远是抽象的，哲理只有在找到准确的载体之后，才会富有艺术的感染力。一条离开了江河的鱼儿，即将在暴日下被晒得枯死，它会留给人们一些什么托嘱呢？作者的构思十分巧妙，他把过河的枯鱼和"相教慎出入"的教训联系在了一起，抒发了作者对于故土山河的眷恋。

乐

府

乐 府

枯鱼过河泣

枯鱼过河泣，
何时悔复及！
作书与鲂鱮，
相教慎出入。

枯鱼过河泣

哭泣的枯鱼,在河滩上哀叹,
再深的悔恨也为时过晚;
只有寄言水中的伙伴,
万不可轻率地离开幸福的家园。

乐府

The Dried Fish

The dried fish, ferried across the river, weeps;
Too late he repents his folly!
He writes a letter to the bream and tench
Warning them to be more wary!

孔雀东南飞

《孔雀东南飞》的故事,早已经家喻户晓。

中国封建社会,不知道酿造了多少如《孔雀东南飞》这样的爱情悲剧。但在《孔雀东南飞》的故事里,一方面,反人道的封建强权野蛮地摧残了美丽崇高的爱情;另一方面,一对不肯屈服的年青人,更以自己的生命,向不可违抗的封建社会表示了最强烈的抗议。如此这个故事才具有强大的艺术魅力,更由此而成为千古不衰的经典作品。

孔雀东南飞

　　汉末建安中①，庐江府小吏焦仲卿妻刘氏②，为仲卿母所遣，自誓不嫁。其家逼之，乃投水而死。仲卿闻之，亦自缢于庭树。时人伤之，为诗云尔。

　　　　　孔雀东南飞，
　　　　　五里一徘徊③。

　　　　　"十三能织素④，
　　　　　十四学裁衣，
　　　　　十五弹箜篌⑤，
　　　　　十六诵诗书。
　　　　　十七为君妇，
　　　　　心中常苦悲。

---

① 建安：东汉献帝年号（公元 196 年 — 公元 219 年）。
② 庐江：汉郡名，郡治始在今安徽省庐江县西南，汉末徙至今安徽省潜山县。
③ 徘徊：往返回旋貌。以上二句以孔雀向东南飞去，但因留恋配偶而徘徊顾盼起兴，引起下文对焦仲卿、刘兰芝的爱情悲剧的叙述。
④ 素：白色的绢。
⑤ 箜（kōng 音空）篌（hóu 音喉）：古代的一种拨弦乐器。

君既为府吏，
守节情不移①。
鸡鸣入机织，
夜夜不得息。
三日断五匹②，
大人故嫌迟③。
非为织作迟，
君家妇难为。

妾不堪驱使，
徒留无所施④。
便可白公姥⑤，
及时相遣归⑥。"

府吏得闻之，
堂上启阿母⑦：
"儿已薄禄相⑧，

---

① 守节：坚持做官的职守。一说守节指刘兰芝的爱情忠贞不移。
一本此句下有"贱妾留空房，相见常日稀"二句。故诗中二句是
说，你在外为官，令我常守空房，但我坚守节操，坚贞不移。
② 断：裁断，剪断。
③ 大人：这里指仲卿之母。
④ 妾：古代妇女自称的谦词。施：用。
⑤ 白：禀告。公姥(mǔ 音母)：公婆，下文未提及公公，所以特指婆
母。
⑥ 遣归：休弃回家。
⑦ 启：启禀，告禀。
⑧ 薄禄：做小官拿微薄的俸禄。相：命相。

幸复得此妇。
结发同枕席，
黄泉共为友。

共事二三年，
始尔未为久①。
女行无偏斜②，
何意致不厚③?"

阿母谓府吏：
"何乃太区区④!
此妇无礼节，
举动自专由⑤。
吾意久怀忿，
汝岂得自由！

东家有贤女，
自名秦罗敷。
可怜体无比⑥，
阿母为汝求。
便可速遣之，

---

① 共事：指夫妻共同生活。尔：这样，指夫妻生活。
② 行：行为。偏斜：不正当，出差错。
③ 何意：哪想到，何曾料到。不厚：这里犹言不喜欢。
④ 区区：小。这里指见识短浅。
⑤ 自专由：这里是自作主张，举动任性之意。
⑥ 可怜：可爱。体：体态相貌。

遣去慎莫留！"

府吏长跪告，
伏惟启阿母①：
"今若遣此妇，
终老不复取②！"

阿母得闻之，
槌床便大怒③：
"小子无所畏，
何敢助妇语！
吾已失恩义，
会不相从许④！"

府吏默无声，
再拜还入户。
举言谓新妇，
哽咽不能语：
"我自不驱卿⑤，
逼迫有阿母。
卿但暂还家，

---

① 伏惟：本意是伏地而思。古人下对上陈述意见时常以此二字开头，表示自己的谦卑和对听话人的尊敬。

② 取：同娶。

③ 床：古时的一种坐具。不是今天的卧具。

④ 会：必定，坚决。

⑤ 卿：古时君称臣以及平辈之间互称卿，丈夫对妻子亦可爱称为卿。

吾今且赴府①。
不久当归还，
还必相迎取②。
以此下心意③，
慎勿违吾语。"

新妇谓府吏：
"勿复重纷纭④！
往昔初阳岁⑤，
谢家来贵门⑥。
奉事循公姥⑦，
进止敢自专⑧？
昼夜勤作息⑨，
伶俜萦苦辛⑩。
谓言无罪过，
供养卒大恩。
仍更被驱遣，
何言复来还？

---

① 赴府：赴府报到。

② 相迎取：去迎接你回来。

③ 下心意：安心，放心。一说指低声下气。

④ 重：再。纷纭：纷扰，麻烦。

⑤ 初阳岁：阳气初动之时。指阴历十一月。

⑥ 谢家：辞家。

⑦ 奉事：行事。循：顺从。

⑧ 进止：举止。

⑨ 作息：工作休息，这里指工作。

⑩ 伶（líng 音铃）俜（pīng 音乒）：孤独貌。萦：围绕，缠绕。

妾有绣腰襦①，
葳蕤自生光②。
红罗复斗帐③，
四角垂香囊。
箱帘六七十④，
绿碧青丝绳。
物物各自异，
种种在其中。
人贱物亦鄙，
不足迎后人⑤。
留待作遗施⑥，
于今无会因⑦。
时时为安慰，
久久莫相忘。"

鸡鸣外欲曙，
新妇起严妆⑧。

---

① 绣腰襦(rú 音儒)：绣花短袄。
② 葳(wēi 音威)蕤(ruí)：草木下垂貌。这里指所绣的花样，花叶繁茂，光彩闪烁。
③ 罗：一种丝织品。复斗帐：双层的床帐。
④ 帘：读为奁(lián 音帘)，古代盛梳妆用品的匣子。
⑤ 后人：指仲卿再娶的后妻。
⑥ 遗(wèi 音畏)施：赠送。作遗施，犹言作为赠送施舍给别人的东西。
⑦ 无会因：没有见面的机会。
⑧ 严妆：郑重的打扮。

着我绣夹裙①，
事事四五通②。

足下蹑丝履③，
头上玳瑁光④。
腰若流纨素⑤，
耳着明月珰⑥。
指如削葱根，
口如含朱丹⑦。
纤纤作细步，
精妙世无双。

上堂谢阿母，
母听去不止⑧。
"昔作女儿时，
生小出野里，
本自无教训，
兼愧贵家子。

① 着(zhuó 音灼)：穿着。夹裙：双层的裙。
② 四五通：犹言四五遍。
③ 蹑：踩，这里指穿鞋。丝履：用丝织品做的鞋。
④ 玳(dài 音代)瑁(mào 音冒)：用玳瑁(一种龟类，其壳可做装饰
   品)做的头饰。
⑤ 纨素：精致的白色绢。这句是说兰芝腰间系着的纨素盈若流
   水。一说若字是着字之误。
⑥ 珰(dāng 音当)：耳环。明月是指叫作明月珠的宝珠。
⑦ 朱丹：一种红色宝石。女子唇涂口红，故言"口如含朱丹"。
⑧ 不止：不阻止。这句是说婆母听兰芝自去而不加留止。

受母钱帛多①，
不堪母驱使。
今日还家去，
念母劳家里。"

却与小姑别②，
泪落连珠子。
"新妇初来时，
小姑始扶床。
今日被驱遣，
小姑如我长。
勤心养公姥，
好自相扶将③。
初七及下九④，
嬉戏莫相忘。"

出门登车去，
涕落百余行。
府吏马在前，
新妇车在后，
隐隐何甸甸⑤，

① 钱帛：这里指聘礼。
② 却：再，还。
③ 扶将：扶持帮助哥哥持家。
④ 初七：指七月初七，这天晚上妇女供祭织女，乞巧。下九：古代
每月二十九日叫上九，初九为中九，十九日为下九。下九晚上
妇女停止劳作，聚在一起游戏，叫阳会。
⑤ 隐隐、甸甸：车声。

俱会大道口。

下马入车中，
低头共耳语：
"誓不相隔卿①，
且暂还家去，
吾今且赴府。
不久当还归，
誓天不相负。"

新妇谓府吏：
"感君区区怀②。
君既若见录③，
不久望君来。
君当作磐石④，
妾当作蒲苇⑤。
蒲苇纫如丝⑥，
磐石无转移。

我有亲父兄⑦，
性行暴如雷，

① 隔：断绝情义。
② 区区：爱慕，诚挚。
③ 录：记住，记得。见录，犹言承蒙你记得。
④ 磐(pán音盘)石：厚重的石头。比喻爱情坚贞不移。
⑤ 蒲：一种可制席的水生植物。苇：芦苇。比喻虽柔弱但坚韧。
⑥ 纫(rèn音认)：同韧。
⑦ 父兄：下文未提兰芝之父，因此特指其兄。

恐不任我意,
逆以煎我怀①。"
举手长劳劳②,
二情同依依③。

入门上家堂,
进退无颜仪④。
阿母大拊掌⑤:
"不图子自归⑥!
十三教汝织,
十四能裁衣,
十五弹箜篌,
十六知礼仪,
十七遣汝嫁,
谓言无誓违⑦。
汝今无罪过,
不迎而自归?"

"兰芝惭阿母⑧,

---

① 逆:违背。煎我怀:犹言使我内心痛苦如煎。

② 举手:举手告别。劳劳:惆怅忧伤貌。

③ 依依:恋恋不舍貌。

④ 无颜仪:犹言脸上觉得无光,难为情。

⑤ 拊(fǔ音府)掌:拍手。惊讶的动作。

⑥ 不图:没料到,没想到。

⑦ 誓:疑为愆(qiān 音千)字之误。愆是愆的古字。愆违即过失意。

⑧ 惭阿母:惭愧地回答母亲。

儿实无罪过。"
阿母大悲摧①。

还家十余日，
县令遣媒来。
云"有第三郎，
窈窕世无双，
年始十八九，
便言多令才②。"
阿母谓阿女：
"汝可去应之。"

阿女衔泪答③：
"兰芝初还时，
府吏见丁宁④，
结誓不别离。
今日违情义，
恐此事非奇⑤。
自可断来信⑥，
徐徐更谓之⑦。"

---

① 悲摧：悲痛伤心。
② 便（pián 音骈）言：有口才，善辞令。令才：美好的才能。
③ 衔泪：含泪。
④ 丁宁：即叮咛，反复嘱咐。
⑤ 奇：佳，好。
⑥ 断：断绝，回绝。信：使者，这里指媒人。
⑦ 这句犹言慢慢再说吧。

阿母白媒人：
"贫贱有此女，
始适还家门①，
不堪吏人妇，
岂合令郎君？
幸可广问讯②，
不得便相许。"

媒人去数日，
寻遣丞请还③，
说"有兰家女，
承籍有宦官④。"

云"有第五郎，
娇逸未有婚⑤，
遣丞为媒人，

①适：出嫁。还家门：指被休弃回家。
②幸：希冀，希望。广问讯：多方打听。
③寻：不久。丞：指县丞。请：指向郡守请示工作。还：指县丞回
　县。这句是说过了不久，被县令派去向太守请示工作的县丞回
　县了。
④承籍：继承先辈的仕籍。以上二句是县丞对县令所说的话，建
　议他向别家求婚，说有个兰家的女子，家里继承祖先的仕籍，是
　为官作宦的人家。
⑤娇逸：娇好而文雅。

主簿通语言^①。"

直说"太守家，
有此令郎君，
既欲结大义^②，
故遣来贵门^③。"

阿母谢媒人：
"女子先有誓，
老姥岂敢言^④?"

阿兄得闻之，
怅然心中烦，
举言谓阿妹：
"作计何不量^⑤!

先嫁得府吏，
后嫁得郎君，

---

① 主簿：郡、县府里掌文书档案的官吏。通语言：指传达话。以上
四句还是县丞对县令说的话，告诉他太守的第五个儿子娇美而
文雅，还未结婚，太守派县丞作媒人，而传达太守意见的是郡府
里的主簿。
② 结大义：指结为婚姻。
③ 贵门：对人家的敬称。以上四句是县丞来刘家说媒的话。
④ 老姥：刘母自称。
⑤ 作计：作决定，打主意。不量：不思量，欠考虑。

否泰如天地^①，
足以荣汝身。
不嫁义郎体，
其往欲何云^②?"

兰芝仰头答：
"理实如兄言。
谢家事夫婿，
中道还兄门，
处分适兄意^③，
那得自任专?
虽与府吏要^④，
渠会永无缘^⑤。
登即相许和^⑥，
便可作婚姻。"

媒人下床去，
诺诺复尔尔^⑦。

---

① 否(pǐ 音痞)泰：指坏运气和好运气。这句是说好坏相差有如天地之别。

② 义郎：对男子的美称。其往：往后，将来。何云：说什么，这里是怎么办，如何打算的意思。

③ 处分：处理，决定。适：顺从。

④ 要(yāo 音腰)：约，立下誓言。

⑤ 渠：那种。无缘：没有机会。

⑥ 登即：当即，立即。

⑦ 诺诺：表示同意的答应声。尔尔：犹言就这样，就这样。

还部白府君①：
"下官奉使命，
言谈大有缘②。"

府君得闻之，
心中大欢喜。
视历复开书③，
便利此月内，
六合正相应④。

"良吉三十日⑤，
今已二十七，
卿可去成婚⑥。"

交语速装束⑦，
络绎如浮云⑧。

---

① 部：这里指太守府。
② 大有缘：指话语十分投机。
③ 历、书：都指历书。这句是说反复查阅历书，选择结婚吉日。
④ 六合：古人把农历每月所值之辰称为月建，如正月建寅，二月建
　　卯等，用干支纪日叫日辰。选择良辰吉日，需月建与日辰相合，
　　即子与丑合，寅与亥合，卯与戌合，辰与酉合，巳与申合，午与未
　　合，称六合。合是吉日，不合叫冲，不是吉日。相应：相合。
⑤ 良吉：良辰吉日。
⑥ 成婚：指洽谈筹办婚事。
⑦ 交语：交相传语。速装束：赶快筹措结婚用品。
⑧ 浮云：比喻人多。

青雀白鹄舫①，
四角龙子幡②，
婀娜随风转③。
金车玉作轮，
踯躅青骢马④，
流苏金镂鞍⑤。
赍钱三百万⑥，
皆用青丝穿，
杂彩三百匹⑦，
交广市鲑珍⑧。
从人四五百，
郁郁登郡门⑨。

阿母谓阿女：

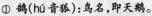

① 鹄(hú 音狐)：鸟名，即天鹅。
② 幡(fān 音帆)：一种旗子。
③ 婀(ē 音屙)娜(nuó 音挪)：轻盈柔美貌。
④ 踯(zhí 音直)躅(zhú 音竹)：指缓步行进。青骢(cōng 音聪)马：青白色相杂的马。
⑤ 流苏：垂在马鞍下做装饰的穗子。金镂(lòu 音漏)鞍：以金属雕花为装饰的马鞍。
⑥ 赍(jī 音鸡)：付给，送给。赍钱：指聘礼。
⑦ 杂彩：指各色的丝织品。
⑧ 交：交州，今广东、广西大部和越南一部分。广：广州，三国时是吴分交州一部分为广州。市：买。鲑(xié 音鞋)珍：泛指珍贵的菜肴。
⑨ 郁郁：盛多貌。登郡门：会集在太守衙门。

"适得府君书①，
明日来迎汝。
何不作衣裳？
莫令事不举②！"
阿女默无声，
手巾掩口啼，
泪落便如泻。

移我琉璃榻③，
出置前窗下。
左手持刀尺，
右手执绫罗，
朝成绣夹裙，
晚成单罗衫，
晻晻日欲暝④，
愁思出门啼。

府吏闻此变⑤，
因求假暂归⑥。
未至二三里，

① 适：刚才。
② 莫令：不要使。事不举：事情办不成。
③ 榻：一种坐具，比床短。琉璃：一种矿石质的有色半透明体材料。琉璃榻是指镶嵌有琉璃的榻。
④ 晻(yǎn 音掩)晻：日光渐暗。暝(míng 音名)：日落，日暮。
⑤ 此变：指兰芝答应再嫁的事。
⑥ 求假：请假。

摧藏马悲哀①。
新妇识马声，
蹑履相逢迎②，
怅然遥相望，
知是故人来。

举手拍马鞍，
嗟叹使心伤③。
"自君别我后，
人事不可量，
果不如先愿，
又非君所详。
我有亲父母，
逼迫兼弟兄④，
以我应他人，
君还何所望⑤！"

府吏谓新妇：
"贺卿得高迁⑥！
磐石方且厚，
可以卒千年⑦；

---

① 摧藏：当是凄怆的假借字。
② 蹑履：缓步行走。
③ 使心伤：使人伤心。
④ 父母、弟兄：指母、兄。
⑤ 还：还家。
⑥ 高迁：高升，指兰芝再嫁太守之子。
⑦ 卒：终，直至。

蒲苇一时纫，
便作旦夕间①。
卿当日胜贵②，
吾独向黄泉。"

新妇谓府吏：
"何意出此言！
同是被逼迫，
君尔妾亦然。
黄泉下相见，
勿违今日言！"
执手分道去，
各各还家门。

生人作死别，
恨恨那可论！
念与世间辞，
千万不复全③。

府吏还家去，
上堂拜阿母：
"今日大风寒，
寒风摧树木，

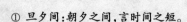

① 旦夕间：朝夕之间，言时间之短。
② 日胜贵：一天天高贵。
③ 不复全：不能再保全生命了。

严霜结庭兰①。
儿今日冥冥②,
令母在后单③。
故作不良计④,
勿复怨鬼神!
命如南山石,
四体康且直⑤。"

阿母得闻之,
零泪应声落。
"汝是大家子,
仕宦于台阁⑥。
慎勿为妇死,
贵贱情何薄⑦?

东家有贤女,
窈窕艳城郭⑧。
阿母为汝求,

---

① 严霜:浓霜,寒霜。结:冻结。庭兰:庭院中的兰花。
② 日冥冥:日暮。比喻自己不久于世。
③ 令:使。在后单:意指自己死后,母亲孤单一人。
④ 不良计:不好的打算,指自杀。
⑤ 四体:四肢,指身体。康且直:身体健康而舒适。
⑥ 大家子:出身门第高贵的人。台阁:指尚书台。
⑦ 贵贱:焦母认为仲卿出身高贵而兰芝则出身低贱。情何薄:因
贵贱不同,焦家遗弃兰芝谈不上是薄情。
⑧ 艳城郭:犹云全城数她最艳丽。

便复在旦夕①。"

府吏再拜还，
长叹空房中，
作计乃尔立②。
转头向户里，
渐见愁煎迫③。

其日牛马嘶④，
新妇入青庐⑤。
菴菴黄昏后⑥，
寂寂人定初⑦。
"我命绝今日，
魂去尸长留。"
揽裙脱丝履⑧，
举身赴清池⑨。

府吏闻此事，

———————

① 复：指求婚的回音。
② 作计：指打算自杀的主意。乃尔：如此。立：确定。
③ 愁煎迫：被忧愁煎熬压迫。以上二句是说仲卿打定主意之后，
  转头向门里看到老母，心里又非常忧愁痛苦。
④ 牛马嘶：指迎亲的牛马嘶鸣。
⑤ 青庐：青布围搭成的帏帐。
⑥ 菴菴：通晻晻，日光渐暗。
⑦ 人定初：指夜深人静之时。
⑧ 揽裙：撩起裙子。
⑨ 举身：犹言纵身。

心知长别离。
徘徊庭树下，
自挂东南枝①。

两家求合葬，
合葬华山傍②。
东西植松柏，
左右种梧桐，
枝枝相覆盖，
叶叶相交通③。

中有双飞鸟，
自名为鸳鸯，
仰头相向鸣④，
夜夜达五更。

行人驻足听⑤，
寡妇起彷徨。
多谢后世人⑥，
戒之慎勿忘⑦！

---

① 自挂：指自缢。
② 华山：当地的一个山名。
③ 交通：指树叶相连接。
④ 相向：相对。
⑤ 驻足：停下脚步。
⑥ 谢：告，告诉。
⑦ 戒之：以上面这件事为教训。

孔雀东南飞

　　东汉建安年间(公元 196 — 219 年),在安徽省的庐江地区,发生了一件悲惨的故事:庐江府的一员小吏焦仲卿娶刘兰芝为妻,两人相亲相爱,情投意合。但婆母刁钻,对儿媳百般虐待,最后竟无理将兰芝休弃回家。刘兰芝与焦仲卿别离时,相许坚守爱情,两不婚嫁。兰芝回到娘家,又遭母兄逼嫁,最后投水身亡,焦仲卿得知后,痛不欲生,最后在院中高树上自缢而死。世人同情这对青年的不幸遭遇,诵唱成歌,留传至今。

　　美丽的孔雀呀,振翅高飞,

　　五里东南去,翩跹又飞回。

　　"十三学得织丝绢,

　　十四裁衣制罗裙,

　　十五拨弦谱新曲,

　　十六知书诵诗篇。

　　十七出嫁为君妻,

　　不幸的遭遇最可怜。

　　仲卿在官衙作小吏,

　　恩爱夫妻难团聚;

　　闻鸡早早拨织机,

夜阑更深不休息。
三天织得五匹布，
婆母依然不称意。
责骂兰芝图安逸，
难在你家作儿媳。

欺辱劳累受驱使，
难得公婆心欢喜；
儿媳不如公婆意，
任由一纸休书遭遗弃。"

仲卿深知妻子苦，
上房苦苦求母亲：
"儿子为吏本贫贱，
万幸娶得意中人；
终生夫妻多恩爱，
身后永远影相随。

夫妻虽然二三载，
公差繁忙少省亲；
兰芝知礼更勤劳，
母亲何以不称心？"

焦母恶语斥仲卿：
"我儿说话太放任；

你妻无礼数，
作事无分寸，
我心久久怀愤恨，
一纸休书赶出门。

东邻有好女，
名叫秦罗敷；
美貌知书高门第，
阿妈为你娉为妻；
兰芝贫家女，
遣她回家去！"

仲卿跪在地，
俯首苦哀求：
"今若休兰芝，
终生不再娶。"

阿母更凶暴，
槌床出恶语：
"我儿太大胆，
求情护你妻，
我已无情意，
你留兰芝不容许！"

仲卿不敢再违抗，

辞别母亲回厢房；
好言好语劝兰芝，
心如刀割更悲伤：
"休妻不是我情愿，
母亲威逼太刁钻；
兰芝暂且回家去，
官府假满催我还；
不久我回家，
迎回兰芝共婵娟，
安心等候我，
你我恩爱永不断。"

兰芝告仲卿：
"不必太牵缠，
前年十一月，
嫁进你家门，
专心奉公婆，
事事多留心。
日夜勤操劳，
时时设法讨欢心。
本来无过错，
一心多孝顺，
未料依然遭休弃，
谈何再迎亲？

留一件我的绣花袄，
情爱伴在你身旁；
床头高悬的青罗帐，
四角垂挂着温馨的香囊；
梳妆匣儿一件件，
更有我编织的青丝绳。
一件一件留给你，
万般的恩爱内中藏；
人因家贫物也贱，
不值得馈赠你再娶的新娘。
只留下我的一片情意，
虽然不能再相爱，
只留下夫妻温暖，
相思相忆，地久天长。"

鸡鸣天将亮，
端坐镜前再梳妆；
穿上丝绣双层裙，
再三叮咛莫遗忘。

脚下丝鞋绣红莲，
头上玳瑁碧玉簪；
腰间素带似流水，
耳坠明月闪斑斓。
手指纤巧似玉葱，

红唇一点染朱丹；
离镜轻轻移细步，
美貌无双更可怜。

进房辞婆母，
婆母不挽留。
"兰芝未嫁时，
生长在乡间；
兰芝贫家女，
愧对婆家好儿男。
婆家娉礼重，
难得婆母心喜欢。
辞别婆母回家去，
家务劳累多分担。"

出屋见小姑，
伤心泪涟涟：
"兰芝初嫁时，
小姑扶墙站；
今日遭遗弃，
小姑已成年。
勤俭奉二老，
出入当扶搀；
逢到节庆日，
不可贪游玩。"

出门乘车去，
泪落衣衫湿。
仲卿骑马为引路，
兰芝乘车身后随。
辚辚车轮声凄凄，
终到道口别离时。

仲卿下马向车看，
夫妻恩情细耳语：
"发誓恩情永不断，
兰芝暂且回家园。
我自回府去当差，
不久当归还，
海枯石烂心不变。"

兰芝告仲卿：
"谢你恩情重，
你我不相忘，
盼你探望来家中。
君心似磐石，
我情如蒲苇；
蒲苇坚且韧，
磐石不变心。

家中有父兄，

凶暴且贪婪；
自会不容我，
日夜受熬煎。"
终到别离时，
夫妻情爱更缠绵。

回家见母亲，
兰芝难为情。
母亲叹息问兰芝：
"何以自己回家门？
十三教你学织布，
十四教你裁衣裙；
十五学会弹箜篌，
十六知礼诵诗文。
十七出嫁为人妇，
侍奉公婆当留心。
你今无过错，
休弃回家何原因？"

兰芝告母亲：
"我本无过错，
婆母凶恶太残忍。"

回家十几天，
县令派人来说亲，

他家有个阿三哥，
自称美貌好人品，
年岁正在十八九，
能言善辩有才能。
阿母劝兰芝：
"你当答应再嫁人。"

兰芝含泪告母亲：
"送儿回家别离处，
仲卿叮咛表心意，
二人结誓不分离。
女儿富贵不可移，
母亲不可太威逼，
快快回绝说媒人，
再嫁之事不可提。"

阿母告媒人：
"穷家出贫女，
出嫁遭遗弃。
不知事公婆，
难能合心意。
恳求县令再寻人，
我家女儿不相许。"

媒人说亲未得逞，

县令进郡见府丞；
县丞又荐兰姓女，
官宦人家求名声。

太守有儿阿五郎，
相貌出众未成婚；
差下县丞作媒人，
登门刘家再说亲。

"太守高官权势大，
他家五儿人人夸；
乡亲全说兰芝好，
差遣县丞到你家。"

阿母谢媒人：
"我儿立誓不再嫁，
阿母不能变她心。"

阿兄知此事，
恶语将人伤；
恼怒找兰芝：
"此事欠思量。

先嫁仲卿官职小，
再进太守权贵门；

两者相比天地别，
太守公子富贵人。
不肯再出嫁，
来日怎安身?"

兰芝无奈答阿兄：
"阿兄说话意也真，
出嫁身为仲卿妻，
惨遭休弃回家门。
阿兄令我再出嫁，
兰芝不敢不服从。
虽与仲卿有誓约，
此生此世难相亲。
阿兄只管代答应，
兰芝忍声再成婚。"

媒人辞阿兄，
点头极称心。
回禀向太守：
"婚事已说成。"

郡守得回答，
心中更欢喜。
匆匆翻历书，
吉日在月中，

两人命相更相宜。

良辰美景三十日，
今天已是二十七，
万般准备莫迟疑。

太守准备办婚事，
人来人往乱纷纷；
青雀白鹤轿，
四角龙旗飘白云。
旌旗随风展，
金黄轿车白玉轮。
款款缓行青骢马，
流缨金穗系鞍辔。
娉礼三百万，
全以金线穿；
丝绢三百匹，
珍奇惊世人。
浩浩荡荡迎亲来，
欢闹沸腾走豪门。

阿母谓兰芝：
"刚得府君送书信，
明日来迎亲。
何不更新衣？

莫误好时辰。"
兰芝默默不回答，
双手掩面泣无声，
万般痛苦泪盈盈。

搬来琉璃凳，
放在窗棂边；
左手持刀尺，
右手剪绫罗。
晨绣彩丝裙，
晚成轻罗衫。
日暮天时晚，
掩面泣无声。

兰芝被逼再嫁人，
仲卿匆匆回家门；
未及家乡二三里，
下马路边暗伤心。
兰芝熟识马嘶声，
急忙出村迎夫君，
夫妻怅然遥相望，
生离死别在黄昏。

抬手扶马鞍，
声声叹息泪沾襟：

"你我别离后，
世事太无情，
果然难得遂心愿，
千言万语难说清。
阿母不肯收留我，
毒恶逼嫁是弟兄。
强将兰芝许人家，
夫君不必太伤心。"

仲卿告兰芝：
"盼你再嫁高门第，
我是磐石心志坚，
忠贞情爱一千年。
蒲苇虽也性柔纫，
难为动摇旦夕间；
你且嫁人享荣华，
我当独自向黄泉。"

兰芝含泪劝仲卿：
"万万不可出此言，
你我同是被逼迫，
恩爱夫妻难团圆；
来日相逢九泉下，
相依相许千千年。"
说罢返身回家去，

千言万语留心间。

生人死别离，
饮恨太可怜；
唯有撒手离人寰，
青春生命难顾全。

仲卿回家中，
恭敬拜母亲：
"严冬今日起寒风，
树木被摧折，
兰花遇霜更凋零。
孩儿不久离人世，
留下母亲谁侍奉；
母亲长寿似南山，
身体康健多保重。"

阿母难劝阻，
悲伤泪涕零：
"你是大家子，
作官享殊荣；
兰芝本是贫家女，
不必以身殉爱情。

东邻有女人品好，

苗条美貌数第一；
阿母为你娶为妻，
相亲相爱守旦夕。"

仲卿再向母亲拜，
默默无语长叹息；
立志不再恋人世，
回身向房中，
礼教不可违，
只得以死表抗议。

迎亲路上车马喧，
青布帐幔是新房；
夕阳西下黄昏后，
夜深万籁寂无声。
"今夜自尽绝命去，
不散人间是冤魂。"
挽起长裙解绣鞋，
兰芝纵身清池中。

仲卿知消息，
自知永别离；
庭院树下久徘徊，
毅然自缢悬树枝。

焦、刘二家悔已晚，
华山合葬含冤人；
坟茔东西植松柏，
左右两侧栽梧桐。
松柏梧桐相遮掩，
连理枝叶情相通。

丛中常见双飞鸟，
鸳鸯对对相随形，
茔边仰头泣恩怨，
夜夜鸣啼到五更。

行人听歌心凄切，
有情男女不成眠；
多谢后来有心人，
谱曲乐府广流传。

The Bride of Jiao Zhongqing

*Jiao Zhongqing was a local official in the Prefecture of Lu-
jiang during the reign of Jian'an（AD 196-219）in the East-
ern Han Dynasty. His wife Liu was sent away by his mother
and vowed never to marry again. Compelled by her family to
break her vow, she had no recourse but to drown herself in a
pond. On receipt of the news Jiao Zhongqing hanged himself
in his courtyard. The long poem was composed by their con-
temporaries in their memory.*

Southeast the love-lorn peacock flies. Alack,
At every mile she falters and looks back!

At thirteen years Lanzhi learned how to weave;
At fourteen years she could embroider, sew;
At fifteen music on her lute she made;
At sixteen knew the classics, prose and verse,
At seventeen they wed her to Zhongqing,
And from that day what joy and pain were hers!

As work kept Zhongqing in the *yamen* far,
His absence made her love the deeper still.
She started weaving at the dawn of day,

Worked at the loom until the midnight hour.
The tapestries beneath her fingers grew,
Yet Zhongqing's mother sore berated her —
Not for poor work or any tardy pace,
But she was mistress: brides must know their place.

At length in sorrow to Zhongqing she said,
"If I have failed to serve your mother well,
Useless to stay... Please go and tell her so.
Should she think fit, I fain would go away."

The husband, shame-faced, on this errand went.
"Mother," he said, "no lordly post is mine.
To wed Lanzhi was more than I deserved.
As man and wife we love each other so
That naught but death itself shall sever us.

Less than three years have we been wedded now;
Our life together is a budding flower.
Lanzhi methinks, has done her best, no less.
Why treat her, then, with such unkindliness?"

To which the shrewish mother made reply,
"Dull are your wits and foolish, O my son!
Your wife lacks graces and she lacks good sense.
See her for what she is, self-willed and vain.
The very sight of her offends my eyes.
I wonder that you dare to plead her cause!

A proper wife I have in mind for you...
Yonder she lives, a maid called Qin Luofu,
A matchless beauty, upon my word,
And I have ways to compass her consent.
Now listen! We must get your slut away!
Yes, go must she, and go without delay!"

For filial piety he knelt down,
And pitiful yet firm was his appeal.
"Mother, if 'tis your will, cast out Lanzhi,
But do not think that I will marry twice!"

At this the mother's fury knew no bounds.
She ranted wildly, strumming on her stool:
"Is reverence for aged parents dead?
Defend a wife and flout a mother's wish?
This stranger in the house I will not bear,
And none henceforth to thwart my will shall dare!"

Zhongqing fell dumb before his mother's rage,
Made her a bow profound and went his way.
In tears and sorrow he sought poor Lanzhi,
Though little comfort for them both he knew.
"The thought of parting rends my heart in twain!
And yet my mother will not be gainsaid.
My duties at the *yamen* call me hence.
'Tis best you go back to your brother's home.

My *yamen* tasks complete, I will return
And take you with me to our home again.
It has to be, alas! Forgive me now,
And doubt not I will keep my solemn vow!"

Lanzhi made answer sorrowful and low:
"Nay, take no care to come for me again.
'Twas in the depth of winter, I recall,
I first came to this house a timid bride.
I bore myself with filial reverence,
Was never obstinate, self-willed or rude.
For three years, day and night, I toiled for her,
Nor heeded how long that sorry state might last,
My only care to serve your mother's will
And to repay the love you bore to me.
Yet from this house I now am driven out...
To what avail to bring me back again?

I'll leave my broidered jacket of brocade,
(Its golden lacings still are fresh and bright,)
My small, soft canopy of scarlet gauze
With perfumed herbs sewn in its corners four.
My trunks, my dowry, too, I leave behind,
As fair as ever in their silken wraps —
Things, some of them, I had a fancy for,
Though now neglected and untouched they lie.
True, they are only cheap and tawdry wares,
Not nearly good enough for your new bride.

But you may share them out as tiny gifts,
Or, if you find no fit occasion now,
Keep them, my dear," she said, her eyes all wet.
"And her who owned them do not quite forget."

When the loud cock-crow marked another day
Lanzhi arose betimes and dressed herself.
She put on her embroidered skirt of silk.

And silken slippers pleasing to the eye,
Studded her braided locks with jewellery,
Hung pearly earrings in her little ears,
With touch so delicate applied the rouge
Until her lips, already perfect, glowed.
Her fingers had a tapering loveliness,
Her waist seemed like a many-coloured cloud.
A peerless beauty did she look, and sweet
The grace with which she moved her little feet.

To Zhongqing's mother then she bade farewell
In tender words that found a churlish ear:
"Lady, I am of humble origin,
Not well instructed and not well brought-up.
Stupid and shallow and inept am I —
A sorry mate for any noble heir.
Yet you have treated me with kindliness,
And I, for shame, have not served you well.
This house for evermore today I leave,

And that I cannot serve you more I grieve."

Then, trickling down her cheeks warm tears,
She bade farewell to Zhongqing's sister dear:
"When to this house I first came as a bride,
Dear sister, you were just a naughty child.
See, you have grown well nigh as tall as I.
Now I must bid a hasty, long farewell;
Yet, if you love me, sister, for my sake,
Be gentle to your mother, care for her.
When all the maidens hold their festivals,
Forget not her who once looked after you."

With blinding tears and with a heavy heart
She took her seat then in the waiting cart.
For fear of prying eyes and cruel tongues
Zhongqing would meet her where the four roads met.
On the rough road her carriage pitched and shook,
The wheel-rims clattered and the axle creaked.

Then suddenly a horseman galloped up,
Down leaped the rider eagerly — 'twas he!
They sat together and he whispered low:
"My love shall last to all eternity!
Only a short while with your brother stay,
The little while my *yamen* duties take.
Then I'll come back ... Let not your heart be sore!
I'll claim you for my very own once more!"

Poor Lanzhi, sobbing, fondly plucked his sleeve.

"Oh, what a comfort to me is your love!

And if you cannot bear to give me up,

Then come, but come before it is too late!

Be your love strong, enduring as the rocks!

Be mine resistant as the creeping vine!

For what is tougher than the creeping vine?

And what more fixed than the eternal rocks?

Yet when I think upon my brother, lord

And tyrant of his household, then I fear

He will not look on me with kindliness,

And I shall suffer from his rage and scorn."

At length in tears the loving couple parted,

And lengthening distance left them broken-hearted.

When Lanzhi, all unheralded, reached home,

Doubt and suspicion clouded every mind.

"Daughter!" her mother in amazement cried.

"Alas! What brings you unattended back!

At thirteen, I recall, you learned to weave;

At fourteen you could embroider, sew;

At fifteen, music on the lute you made;

At sixteen knew the classics, prose and verse.

And then at seventeen, a lovely bride...

How proud I was to see you prosper so!

Yet, dear, you must have erred in deed or word.

Tell me the cause of your return alone."

Said Lanzhi, "Truly I am brought full low,
Yet in my duty did I never fail."
The mother wept for pity at her tale.

Upon the tenth day after her return
There came one from the county magistrate,
A go-between, to woo her for his son,
A lad who had bare twenty summers seen,
Whose good looks put all other youths to shame,
Whose tongue was fluent and full eloquent.
Her mother, hoping against hope, said, "Child,
I pray you, if it pleases you, consent."

To which, in tears again, Lanzhi replied:
"Dear mother, when I parted with Zhongqing
He said, 'Be faithful!' o'er and o'er again,
And we both vowed eternal constancy.
If I should break my word and fickle prove,
Remorse would haunt me till my dying day.
Can I then think to wed again? No, no!
I pray you tell the matchmaker so."

So to the go-between the mother said:
"O honoured sir, a stubborn child is mine,
But lately sent back to her brother's house.
A small official found her no good match —
How should she please the magistrate's own heir?

Besides, she is in melancholy state:
Young gentlemen require a gayer mate."

So the official go-between went off
And, ere reporting to the magistrate,
Found for the sprig another fitting maid,
Born of a nearby family of note;

And, haply meeting with the Prefect's scribe,
Learned that His Excellency's son and heir,
A worthy, excellent and handsome youth.
Himself aspired to wed the fair Lanzhi.

So to the brother's house they came once more,
This time as envoys from the Prefect sent.
The flowery, official greetings o'er,
They told the special reason they had come.

The mother, torn this way and that, declared:
"My child has vowed she ne'er will wed again.
I fear I know no way to change her mind."

But Lanzhi's brother, ever worldly-wise,
Was never slow to seize a heaven-sent chance,
And to his sister spoke blunt words and harsh:
"See you not, girl, how much this profits you?

Your former husband held a petty post.

Now comes an offer from the Prefect's son:
A greater contrast would be hard to find.
Turn down this offer if you will, this prize,
But think not I shall find you daily rice!"

What must be, must be, then thought poor Lanzhi
"Brother," she said, "what you have said is good.
I was a wife and now am none again;
I left you once and then came back again
To dwell beneath your hospitable roof.
Your will is such as cannot be gainsaid.
True, to Zhongqing I gave my plighted word,
Yet faint the hope of seeing him again!
Your counsel I must welcome as a boon:
Pray you, arrange the ceremony soon."

When he heard this, the official go-between
Agreed to everything the brother asked.
Then to the Prefect's house they hurried back
To tell the happy outcome of their work.

It seemed so good a marriage for his son,
The Prefect thought, that full of sheer delight
He turned the pages of the almanac,
And therein found the most auspicious date
To be the thirtieth of that same month.

Whereon he summoned his subordinates:

"The thirtieth is a heaven-favoured day,"
Said he, "and that is but three days away.
Have all in readiness to greet the bride."

The household was abuzz from floor to roof
As was befitting for a noble match.
There were, to fetch the bride, gay gondolas
Fresh-painted with designs of lucky birds
And silken pennants fluttering o'er the deck.
There were gold carriages with jade inlay
And well-groomed horses of the finest breed
With saddles shining, harness all arrayed!
As for the presents, strings of cash they told
Three thousand, bolts of silk and brocade
Three hundred. And among those precious gifts
Were globe-fish brought from some far distant clime.
The welcoming cortege, five hundred strong,
Would gladden all eyes as it passed along.

In the bride's house the troubled mother said:
"Lanzhi, the Prefect's messengers have come.
The welcoming party will arrive full soon.
'Tis time you donned your bridal finery.
You have agreed... No time to tarry now!"
Lanzhi, too sad to utter any word,
Sobbed neath her kerchief to conceal her grief,
Her pale, pale cheeks all wet with bitter tears.

She dragged a chair with heavy marble seat
Towards the window where there was more light,
Took silk and scissors, measure, needle, braid,
Cut out in grief and wet her thread with tears.
Ere noon a jacket new and skirt she made;
By eve a wedding gown was all complete.
Then in the twilight, desperate, forlorn,
Out at the gate she stole to weep alone.

Then, suddenly, her sobbing died away...
Far off she heard a horse's anguished neigh!
Oh, that familiar neigh! Yet why so sore?
Indeed Zhongqing was riding fast that way.
The master had heard news, lost heart, asked leave.
The very steed, too, his forebodings shared.
At last, her straining eyes perceived him clear:
His presence filled her with both joy and pain.

Patting the horse, she heaved a woeful sigh.
"Zhongqing, my darling, at our parting dire
None could foresee the course events would take.
You cannot guess my abject misery,
But all we hoped is now an empty dream.
My mother you knew well. My tyrant brother,
'Twas he who schemed to wed me to another.
Now that the die is cast by fate austere,
What more can you expect of me,
my dear?"

Zhongqing, heart-stricken, forced himself to say,
"May you know every happiness, Lanzhi!
The rock stands fixed, unyielding evermore,
But oh! I fear the fibres of the vine
Have lost their toughness all too easily...
May you be rich and live in happy state,
But as for me, why, death shall be my fate!"

That stung her to the quick, but she replied,
"Why say such cruel things to me, my dear?
We both are shipwrecked on the sea of life,
Our vessels foundered by the ruthless gale.
Life has enjoined that man and wife must sever:
Let us both die, and be one flesh for ever!"
Long hand in hand they stayed before they went
With mournful steps and slow their different ways —

Two lovers, parting, knowing all too well
That death alone could make them one again.
All roads to joy fast blocked, they did not quail,
But vowed to terminate their tragic tale.

When Zhongqing, heavy-hearted, reached his home,
Straight to his mother's room he went, and bowed.
"The weather changes, mother. Bitter cold,
A terrifying wind sears leaf and tree.
The frost congeals the orchids, all the flowers,
And Zhongqing's life, too, draws unto its close.

His sole regret is leaving you alone,
But 'tis his own desire to end life so —
No ghost, no devil, mother, holds him thrall!
Your son is like the rocks of Nanshan Range,
Immutable in death, immune to change."

The mother heard these words in sore amaze,
But guessed their cause, and pitied him in tears.
"My son, sole heir of noble family,
What great and glorious prospects lie ahead!
Why for a wanton should you think to die,
One so inferior in every way?

As I have told you, in the neighbourhood
There dwells a paragon of loveliness.
Soon will I send a go-between to her,
And long and happy years be yours, my son!"

But he kept silence, bowed right low, and left,
Long, long his empty room he paced, and thought
A myriad thoughts of Lanzhi, love, and death.
Oft glanced he sadly towards his mother's room;
The world seemed shrouded in a pall of gloom!

The day for Lanzhi's splendid wedding came,
She lonelier than ever mid the throng.
She waited, waited till the night should fall.
At last the turmoil ceased, the guests thinned out.

"This is the day," she mused, "My journey's end.
My soul will wander, though my corpse remain."
The pond's dark waters beckoned, cold and chill.
Barefoot she waded in, and all was still.

Though for the news Zhongqing was half-prepared,
It nowise lighter made the dreadful blow.
Beneath the courtyard trees release he sought,
He turned southeast, and then the rope went taut...

Linked in a common grief, the families
Buried the lovers beside Mount Huashan.
And all around the graveyard grow dark pines,
Through all the changing seasons ever green,
With cypress interspersed and parasol trees.
Like loving arms the branches intertwine,
And lovingly the leaves and sprays caress;

And in the foliage dwell two little birds,
That mate for life, whose very name is love.
They cross their bills and sing to one another
Their soft endearments all night long till dawn,

And passersby stand spell-bound at the sound,
And lonely widows wake to hear and muse
Upon this story of a bygone day
Which shall endure till all shall pass away.

上山采蘼芜

　　与其说是一种顺从，反不如说就是一种控诉，"旧人"的"长跪"，其实是对前夫的批判，而"旧人"的询问"新人复何如"才是对于夫权社会最强有力的抗议。不能只看到"旧人"弱的一面，更要看到"旧人"精神上的强大，还要看到，"前夫"也是一个牺牲品，就是遗弃了旧人，他也没有得到幸福，倒是在"新人不如故"的叹息声中，怏怏地自己下山去了，其情其景，也煞是可怜。

　　孔老夫子诠注《诗经》，说到怨而不怒，其实在艺术上"怨"是一种最强大的反抗，中国如此，外国也是如此，一切被侮辱与被损害者，总是在忍受自身的不幸中，控诉了强权和暴力的毒恶。譬如后来托尔斯泰的《复活》，玛丝洛娃反抗过吗？玛丝洛娃不是也"长跪问故夫"，"新人复何如"吗？但玛丝洛娃的形象却是对于俄国农奴制度最深刻的批判，玛丝洛娃的命运本身就是一种力量，是对俄国农奴制度的最后宣判。

上山采蘼芜

上山采蘼芜，
下山逢故夫。
长跪问故夫：
"新人复何如？"

"新人虽言好，
未若故人姝。
颜色类相似，
手爪不相如。"

"新人从门入，
故人从阁去。"

"新人工织缣，
故人工织素。
织缣日一匹，
织素五丈余。
将缣来比素，
新人不如故。"

上山采蘼芜

上山拾草采蘼芜，
下山路狭遇前夫；
不忘前情问短长，
"再娶的新妇又何如？"

"新妇虽然好，
人品难得比故人；
容貌虽相似，
心苗手不勤。"

"新人前门进，
故人边门出。"

"新人织细绢，
故人织市布；
织绢每日只一匹，
故人织布五丈余。
织绢、织布相比较，
才知故人最辛苦。"

The Old Wife and the New

She went up the hill to pluck nettle-seed,
She came down the hill and met her former husband.
She knelt and asked her former husband:
"How do you find your new wife?"

"My new wife is good,
But no match for the old one.
In looks there is little to choose,
But she is less clever with her hands."

"Your new wife came in through the front door,
Your old wife left by the side door."

"My new wife is good at weaving raw silk,
My old wife at weaving white silk;
One weaves forty feet of raw silk a day,
The other fifty feet and more of white silk.
If you compare raw silk and white,
The new wife is not up to the old."

乌　生

　　这可能是中国最早的环保诗歌,更是对于残杀生灵的道义谴责。

　　生命崇拜,是人类最高的情感境界,由生灵的被残害,去开挖人类善的天性,从而对于滥杀给予道义上的谴责,中华民族善良的民族天性永远是艺术无限的创作源泉。

乌 生

乐 府

乌 生

乌生八九子，
端坐秦氏桂树间。

唶！
我秦氏家有游遨荡子，
工用睢阳强，
苏合弹。
左手持强弹，
两丸出入乌东西。

唶！
我一丸即发中乌身，
乌死魂魄飞扬上天。

阿母生乌子时，
乃在南山岩石间。

唶！
我人民安知乌子处，
蹊径窈窕安从通？

白鹿乃在上林西苑中，
射工尚复得白鹿脯。

唶！
我黄鹄摩天极高飞，
后宫尚复得烹煮之。
鲤鱼乃在洛水深渊中，
钓钩尚得鲤鱼口。

唶！
我人民生各各有寿命，
死生何须复道前后？

乌 生

乌母生有八九子，
栖居秦家桂树间。

哦！
做恶多端秦家子，
射杀禽鸟善用弓，
苏合丸。
右手持弓，左手持弹，
两丸飞射乌身边。

啊！
一弹命中射雏乌，
雏乌惨死魂魄散。

阿母生雏乌，
远在南山岩石间。

啊！
善良的人谁知道雏乌居何处？
羊肠小道路不通。

白鹿生在皇城御花园，
也遭射杀成美餐。

啊！
天鹅遨翔在高天，
后宫皇妃烹煮作佳肴；
鲤鱼潜游黄河深渊里，
钓钩饱尝鱼唇鲜。

啊！
人间寿命有长短，
死生天命无须叹。

A Crow's Fate

A crow with fledglings eight or nine
Nested on a cassia tree in the Qins' yard —

                Caw!

The son of the family was a reckless youth,
An adept with a powerful catapult
And pellets mixed with balsam.
A catapult and two pellets in his left hand,
He circled about the brids —

             Caw!

His first pellet dealt our crow a mortal wound
And straight to heaven above her spirit soared!

This mother bird laid her eggs
Among the boulders of the South Hill —

              Caw!

Her fledglings were safely hidden away from men,
For the twisting path through the hills was hard to find.
Ah, but white deer in the emperor's park at Shanglin
Are bagged by archers for dried venison;

Wild swan which fly to the vault of the sky
Are captured and cooked for the palace;
And the carp in the depths of the River Lo
May find a hook in its mouth —

                                    Caw!

All men have their allotted span of life,
Then why complain whether death comes soon or late?

乌
生

乐
府

艳歌行

　　本来是叙述离乡人的凄苦,却更表现了中国女性的高尚品德,兄弟们流落他乡遇到贤良的主妇,肯为他们缝补衣衫,这该在游子的心间唤起何等的温暖。

　　但偏偏不巧妇人的丈夫回家来了,于是就出现了如此尴尬的局面,最后只好机智地说些羡慕夫妻团聚的话,才打消了丈夫的不快。

　　诗写得十分平易,更写得非常真切,而其间更包容命运的艰难,也是怨而不怒的一种表现形式。

艳歌行

翩翩堂前燕①，
冬藏夏来见②。
兄弟两三人，
流宕在他县③。

故衣谁当补？
新衣谁当绽④？
赖得贤主人⑤，
览取为吾绽⑥。

夫婿从门来⑦，
斜柯西北眄⑧。

---

① 翩翩：轻快飞翔。
② 藏：指燕冬季飞去南方而不见。
③ 流宕：流落，此指分离。宕，同荡。
④ 绽：缝。此处绽与补相呼应，缝裂缝叫绽，补破洞叫补。新衣本
　　无所谓绽，所以仍指故衣。
⑤ 贤主人：这里实指贤惠的女主人。
⑥ 览：同揽，就是取。取：用于动词后以表示动作进行的语助词，
　　无义。绽(zhàn 音占)：缝补。
⑦ 夫婿：指女主人的丈夫。
⑧ 斜柯：向前侧身。眄(miàn 音面)：斜视。

"语卿且勿眄,
水清石自见"。

石见何累累①,
远行不如归。

---

① 累累:本指连缀不断,这里应指水底石子历历可见。

艳歌行

新燕翩跹屋前飞，
冬去春来难相逢；
同胞手足三兄弟，
各自流落在他乡。

旧衣破了谁给补，
添置新衣谁给缝？
幸亏遇到贤惠的女主人，
肯为游子缝补破衣衫。

推开房门，丈夫回家来，
犹疑地斜视妻子做针线；
你呀，不要对她这样看，
水流清清自能见到河底石子的花斑。

斑斓的石子呀，多清丽！
与家人团聚，才有幸福和温暖。

Homesick

Flitting, flitting, the swallows before the hall;
In winter they vanish, in summer they return;
Yet I, with two brothers of my own,
Am still a wanderer in a strange land.

Who will patch my old clothes?
Who will stitch and mend for me?
The good woman of the house is kind,
She takes my clothes and mends them;

But her husband coming home,
Framed in the doorway, looks askance at me.
I tell him, "No call to look at me like that!
When a brook is clear the stones are seen."

My conscience is crystal clear.
Just let me end my wanderings and go home!

孤儿行

　　孤儿的故事永远是动人的,而且中国的许多名人,都原是孤儿,所以,中国人对于孤儿有一种特殊的同情。

　　舜,是一个孤儿,因为他原谅了虐待他的继母,而受到人们的敬重,于是,尧才让位于他,使一个孤儿登上了至高无上的宝座,并成了千古流芳的人物。

孤儿行

乐府

孤儿行

孤儿生，
孤子遇生①，
命独当苦②！

父母在时，
乘坚车，
驾驷马③。
父母已去④，
兄嫂令我行贾⑤。
南到九江⑥，
东到齐与鲁⑦。

---

① 遇生：偶然生到世上来。遇，即偶然之意。
② 独：偏，只。此句意为：似乎只有孤儿生来就该受苦。
③ 驷马：四马套一车。
④ 去：故。
⑤ 行贾(gǔ 音古)：做生意。当时经商被认作"逐本求末"，商人
　社会地位低微。富贵人家经商也支使奴仆为之；所以孤儿兄嫂
　派他去做生意，是把他当奴仆使唤。
⑥ 九江：汉时九江郡治所先后在寿春(今安徽省寿县)和陵阴(今
　安徽省定远县西北)，不同于今江西省九江市。
⑦ 齐：齐郡，治所在临淄(即今山东省临淄县)。鲁：县名，即今山
　东省曲阜市。

腊月来归，
不敢自言苦；
头多虮虱，
面目多尘①。

大兄言办饭②，
大嫂言视马③。
上高堂，
行取殿下堂④。
孤儿泪下如雨。

使我朝行汲⑤，
暮得水来归。
手为错⑥，
足下无菲⑦。
怆怆履霜⑧，
中多蒺藜；
拔断蒺藜肠肉中⑨，
怆欲悲。

孤儿行

乐府

① 尘：依韵和对偶句式，下当脱一"土"字。
② 办饭：备饭。
③ 视马：照料马匹。
④ 行取：来往疾走。行，指复、还，即来往。取，同"趋"，快行貌。
⑤ 汲：取水，挑水。
⑥ 错：文理粗糙，此指皮肤皲裂。
⑦ 菲：草鞋，亦作"屝"。
⑧ 怆怆：通"跄跄"，快步走。
⑨ 肠肉：意指脚心。肠，即脚腨，俗谓脚肚，即脚心。

泪下渫渫①，
清涕累累②。
冬无复襦③，
夏无单衣。
居生不乐④，
不如早去，
下从地下黄泉⑤！

春气动，
草萌芽。
三月蚕桑，
六月收瓜⑥。
将是瓜车⑦，
来到还家。
瓜车反覆⑧，
助我者少，
啖瓜者多⑨。

---

① 渫渫:本指水的流动,此指泪流不止。

② 累累:不断貌。

③ 复襦:短衣之有絮者,即短棉袄。

④ 居生:活在世上。

⑤ 下从地下黄泉:死的一种委婉说法。

⑥ "三月蚕桑"两句:意指从春忙到夏。

⑦ 将:推或拉。

⑧ 反覆:指翻车。

⑨ "助我者少"两句:意为没有帮我扶起车子的,净是吃我瓜的。
　　啖(dàn音淡):吃。

愿还我蒂^①,
兄与嫂严,
独且急归^②,
当兴校计^③。

乱曰:
里中一何谈谈^④?
愿欲寄尺书^⑤,
将与地下父母,
兄嫂难与久居!

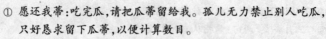

① 愿还我蒂:吃完瓜,请把瓜蒂留给我。孤儿无力禁止别人吃瓜,
  只好恳求留下瓜蒂,以便计算数目。
② 且:姑且。
③ 当兴:必然引起。校计:即计较,口舌是非之意。
④ 谈谈(náo 音挠):吵闹声。
⑤ 尺书:书信。

孤儿行

孤儿命苦，
不该降生受凄凉。

孤儿命苦，
父母在时，
乘锦车，
驾骏马；
父母去世，
兄嫂逼我去经商。
东去齐鲁，
南下九江。
寒冬腊月回家来，
无人抚慰问短长。
头上虱虮，
脸上尘霜。

长兄命我快煮饭，
嫂嫂派我去马厩；
奔波劳累，
跑出上堂，跑下堂。

孤儿落泪心悲伤。
天明备车去汲水，
天晚拉车回家门。
手冻裂，
赤脚走路无鞋穿，
匆匆奔跑踏冰霜。
路上多蒺藜，
刺破脚掌，
强忍疼痛不声张。

暗自痛哭泪如雨，
终日悲伤心凄凄；
寒冬无棉絮，
夏天无单衣。
生在人间无安乐，
不如早离去，
九泉之下得安息。

春日到，
草萌芽；
三月采桑，
六月收瓜。
用力推车，
回到村来，
众人哄抢车将翻，

抢去西瓜,如何还家?

只求人们留瓜蒂,
兄嫂面前好交账;
匆匆回到家中,
换得一番责骂。

啊唷,
乡间一片喧闹,
愿寄一封书信:
告知地下双亲,
兄嫂毒恶,逼我离家门。

Song of the Orphan

The orphan's lot
From his hapless birth
Is sorrow unending.

My parents living,
I rode in style,
Four horses to draw me,
My parents dead,
My own brother bid me —
And so did his wife —
Fare forth as a pedlar.
To Jiujiang southward,
To Qi and Lu eastward...
In the twelfth moon returned
But my woes dared not voice.
Lice in my hair,
My skin grimed with dust.

My brother said: Cook for us!
His wife: Tend the beasts!
In and out of the hall
I fetched and I carried...

No wonder, poor orphan,
My tears flowed like rain.

At dawn fetching water,
Not finished till dark;
Hands chapped and bleeding,
Feet all unshod
On the cruel hoarfrost.
Thorns by the thousand
I plucked out: the smart
Remained in my flesh...

All anguish was I,
And salt tears welled forth,
Pearl after pearl.
Winter, no warm coat,
Summer, no shirt.
A joyless life!
Better follow the dead
To the underworld!

The spring awakened
And all grew green.
The third moon brought silkworms,
The sixth, came the gourds.
With a cartload of melons
I was homeward bound.
When over it went.

How few came to help me,
But how many ate!

They might leave the stalks
For my tyrants to see!
Now I hasten back,
Thinking hard what to do...

In conclusion: What turmoil
Around, and for what?
I'd fain send a letter:
Dear, dead parents, oh!
I can bear it no longer.
I'll join you below!

蜨蝶行

　　自然界的残杀，弱者总是悲怜的。

　　人们总是触景生情，景是外部世界，而情就是主观世界了。歌者于蝶的遭遇中所悟彻的道理，远远比蝶的遭遇更深刻，燕的捕蝶也许不是罪过，但对于弱者的残杀，却永远要受到谴责。

乐

府

蛱蝶行①

蛱蝶之遨游东园②，
奈何卒逢三月养子燕③，
接我苜蓿间④。
持之我入紫深宫中⑤，
行缠之傅榑栌间⑥，
雀来燕⑦。
燕子见衔哺来，
摇头鼓翼，
何轩奴轩⑧。

---

① 《蛱蝶行》是汉乐府古辞，《初学记》作《蛱蝶行》，《乐府诗集》列
  为"杂曲歌辞"的头一篇。
② 蛱蝶：蝴蝶。蛱，"蝶"的本字。《初学记》作"蛱蝶"，蛱蝶是蝴蝶
  的一种。之：表声字，与诗义无关。
③ 卒：同"猝"，突然。养子燕：喂养雏燕的老燕。
④ 接：遭遇，碰到，这里有劫持的意思。
⑤ 持：劫持。紫深宫：阴森森的屋子。
⑥ 缠傅：即缠绕，绕附。榑（bó音薄）栌（lú音卢）：即斗拱，是柱上
  斗形构筑，上承屋梁。
⑦ 雀来燕：来，语助词，雀跃之燕。
⑧ 何轩奴轩：即何轩轩。轩轩，高举貌。奴，表声字。

蜻蝶行

蝴蝶东园舞翩跹，
不幸三月乳新燕；
老燕劫我花丛间。

衔我飞回恐怖阴暗燕巢里，
缠缚屋宇梁柱间，
群燕戏嘻闹声喧。

乳燕见母衔食来，
摇头振翅急待哺；
蝶儿凄凄，老燕凶残。

A Butterfly Caught by a Swallow

A butterfly, flitting through the eastern garden,
I am caught among the clover
By a swallow foraging for her young in spring!

She carries me off deep into the purple palace
And wheels around the capital of a pillar;
Her fledglings hop for joy

At sight of the food in her beak,
Craning their necks and eagerly flapping their wings.

悲歌行

　　对家乡的思念，永远具有感人的艺术力量，但这首乐府诗的情感也过于沉重。歌者思念家乡，已经到了痛不欲生的地步，想来这位歌者一定是一个走投无路、浪迹天涯的可怜人。

古诗苑汉英译丛

乐

府

悲歌行

第一五九页

悲歌行^①

悲歌可以当泣，
远望可以当归。
思念故乡，
郁郁累累^②。

欲归家无人，
欲渡河无船。
心思不能言，
肠中车轮转。

---

① 诗题一作《悲歌》，乐府古辞，郭茂倩《乐府诗集》列入"杂曲歌
辞"。

② 郁郁累累：愁闷重重积累的样子。

悲歌行

悲歌当如痛哭，
远望也似还家；
思念故乡，
无限郁郁忧伤。

还家吧，家中无亲人，
渡河吧，河中无渡船。
千丝万缕向谁述？
肝肠断裂苦不堪。

Far from Home

I sing a song of grief instead of weeping,
Stare into the distance instead of going home,
And dream of my native village,
My heart full to bursting.

I would go back but have no one to help me,
I would cross the river but there is no boat;
No words can tell my longing,
It seems as if wheels were grinding over my heart!

冉冉孤生竹

  《冉冉孤生竹》是《古诗十九首》中的一章,据史家云,可能是汉代文学家傅毅的作品,但到底乐府诗和民间歌谣有着极其密切的血缘关系,人们仍然能从中感受到纯朴的真实情感。

  纯情少女对于爱情的向往,永远是诗歌永恒的主题,即使是身为县令的傅毅,也难免想小试一下自己的才华,于是公务闲暇,他也就出口成章地吟唱了一首情歌,因为这首情歌表现了少女们的纯真情怀,于是不胫而走,并且流传到民间,由此才成为千古绝唱,并有了永恒的艺术生命。

冉冉孤生竹

冉冉孤生竹①，
结根泰山阿②。
与君为新婚③，
菟丝附女萝④。

菟丝生有时，
夫妇会有宜⑤。
千里远结婚，
悠悠隔山陂⑥。

思君令人老，
轩车来何迟⑦？

古诗苑汉英译丛

乐

府

---

① 冉冉：柔弱貌。

② 泰山：同太山，大山。阿：山坳。

③ 为新婚：指订婚。

④ 菟丝：一种旋花科的蔓生植物，女子自比。女萝：一说即"松萝"，一种缘松而生的蔓生植物，以比女子的丈夫。

⑤ 宜：适当的时间。这两句是说，菟丝及时而生，夫妇亦当及时相会。

⑥ 陂(bēi 音杯)：池塘，水泽。

⑦ 轩车：此指迎娶的篷车。

伤彼蕙兰花①，
含英扬光辉②；

过时而不采，
将随秋草萎。
君亮执高节③，
贱妾亦何为④？

① 蕙、兰：两种同类香草，女子自比。
② 含英扬光辉：花含苞待放。
③ 亮：同"谅"，料想。
④ 这两句是说，君想必守志不渝，我又何苦自艾自怨。

冉冉孤生竹

像是一枝柔弱的新竹，
置根于巍峨的高山；
女儿和你有了婚约，
如蔓生的菟丝花与松萝爱慕缠绵。

菟丝花的青春短暂，
有情人当多相见；
遥遥千里的婚姻呀，
山重水复难隔断。

日夜思念催人老，
迎娶的篷车总不见；
感伤那芬芳的蕙兰花，
含苞待放的时刻莫迟延。

花期正茂早采撷，
枯萎凋谢秋风残；
相信你心中的爱坚贞，
我自不必多牵念。

To a Husband Far Away

Soft and pliant, the lonely bamboo
Rooted in the mountain;
But, married to you,
I am like the dodder clinging to a vine.

As the dodder has its season of growth,
So husband and wife should have time to be together,
Yet a thousand *li* divide us since we married,
Far-stretching mountain ranges lie between.

Longing for you makes me old before my time,
It seems your covered carriage will never come!
I grieve for the orchid,
So splendid when it flowers,

For unless plucked in time
It will only wither away like the grass in autumn.
What can I do
But trust in your constancy?

迢迢牵牛星

　　据云这也是"托兴"之作,文人把人间最美好的情感,和他们心中效忠皇帝的心态联系在一起。而且牵牛星和织女星迢迢万里隔江张望,也正好和抱怨怀才不遇的才子们的心态相符,如此就以民间的诗歌作品"托"自己的"兴",也算得是一片忠心吧。

　　但,这首乐府诗是美丽的,中国的劳动人民创造了牵牛织女的故事,实在是非凡的智慧和灵感,人们把人间的情爱和天上的星座联系在了一起,并且创造了如此美丽的传说故事,这才是一个民族高度文化修养最好的标志。

迢迢牵牛星

乐 府

迢迢牵牛星

迢迢牵牛星①，
皎皎河汉女②。
纤纤擢素手③，
札札弄机杼④。

终日不成章⑤，
泣涕零如雨⑥。
河汉清且浅，
相去复几许⑦？
盈盈一水间⑧，
脉脉不得语⑨。

---

① 迢迢：远貌。牵牛星：即民间所称牛郎星。

② 皎皎：明貌。河汉：即银河。河汉女，指织女星。

③ 擢：举，摆动。素手：白手。

④ 札札：机织声。

⑤ 终日不成章：说织女终日也织不成布。章，指布匹上的经纬纹
理。

⑥ 零：落。

⑦ 几许：犹言"几何"。

⑧ 盈盈：水清浅貌。间：隔。

⑨ 脉脉：含情相视貌。

迢迢牵牛星

万里遥远牵牛星，
织女寂寞银河畔；
纤纤双手缓缓拨，
织机似琴声曼曼。

终日织布难成匹，
轻泣叹息泪满面；
银河清清水浅浅，
少年夫妻难相见；
一弯潺潺银河水，
无限情爱被剪断。

Parted Lovers

Far, far away, the Cowherd,
Fair, fair, the Weaving Maid*;
Nimbly move her slender white fingers,
Click-clack goes her weaving-loom.

All day she weaves, yet her web is still not done
And her tears fall like rain.
Clear and shallow the Milky Way,
They are not far apart!
But the stream brims always between
And, gazing at each other, they cannot speak.

---

* The Cowherd and the Weaving Maid are the Chinese names for two
constellations separated by the Milky Way.

长歌行

一首短诗,升华为一个民族的精神财富,这于世界上也是不为多见的现象。

中国人人人都知道"少壮不努力,老大徒伤悲"的古训,而这一教育了世世代代中国人的古训,原来就是一支民歌,这真也是我们民族的骄傲了。

长歌行

青青园中葵①，
朝露待日晞②。
阳春布德泽③，
万物生光辉。
常恐秋节至，
焜黄华叶衰④。

百川东到海，
何时复西归？
少壮不努力，
老大徒伤悲⑤。

① 葵：秋葵或蜀葵，皆夏日开花，秋天枯落。
② 晞(xī 音希)：干，特指太阳晒干。
③ 阳春：温暖的春天。布德泽：广施恩惠，这里指阳光雨露。
④ 焜(kūn 音昆)黄：容色老衰的样子，这里形容花叶枯黄。
⑤ 徒：《文选》李善注本作"乃"。

古诗苑汉英译丛

乐府

长歌行

花圃间生长着翠碧的秋葵，
花叶上闪动着将干的露水。
温暖的春天滋养着土地，
使万物生出无限的光辉。
真担心秋天又要到来，
落得个花残叶败枝干枯萎。

百川东流归大海，
不会向西再流回；
少年不肯勤努力，
碌碌终生空伤悲。

A Song in Slow Time

Green the mallow in the garden,
Waiting for sunlight to dry the morning dew;
Bright spring diffuses virtue,
Adding fresh lustre to all living things.
Yet I dread the coming of autumn
When leaves turn yellow and the flowers fade.

A hundred streams flow eastwards to the ocean,
Nevermore to turn west again;
And one who mis-spends his youth
In old age will grieve in vain.

乐　府

平陵东

　　一首短小精悍的叙事诗,叙述了一桩凶暴的绑架事件。但这桩绑架事件不是匪徒绑架富人,却是官府绑架了善良无辜的百姓,而且这位被绑架的百姓更是一位在民间享有威望的"义公",绑架的"理由",就是要敲诈他的钱财。

　　苛政猛于虎,横征暴敛已经无法满足贪官们的欲望。不择手段,也就只好撕下一张脸皮,掠夺百姓了。

平陵东

平陵东①，
松柏桐②，
不知何人劫义公③。

劫义公，
在高堂下④，
交钱百万两走马⑤。

两走马，
亦诚难，
顾见追吏心中恻。

心中恻，
血出漉⑥，
归告我家卖黄犊。

---

① 平陵：汉昭帝墓，在今陕西省咸阳市西北。
② 松柏桐：古人在陵墓上习惯种植松、柏、梧桐，以作为墓地的标志。
③ 义公：好人。"义"是形容词。
④ 高堂：指官府衙门。
⑤ 走马：善于奔跑的马，良马。
⑥ 漉(lù 音鹿)：流尽。

平陵东

古墓平陵东，
生长着茂密的松柏和梧桐；
凶暴的强人劫持了善良的老百姓。

劫去善良百姓，
带到官府的高庭：
"交出百万钱财，交出两匹骏马，
放你一条可怜的性命。"

两匹马，
难献出；
官吏威逼心惊恐。

心惊恐，
榨尽血汗，
转告家人卖耕牛，心中愤难平。

East of Pingling *

East of Pingling,
Pines, cedars and plane trees.
Who has carried off our good man?

Carried him off to the high hall
And demanded from him one million cash and two horses.

Two horses — that is certainly hard!
His heart sinks at sight of the officers pressing him.

His heart sinks, his blood runs cold.
"I must go home and tell them to sell the young bullock."

---

　* Pingling, near present-day Xi'an, was the burial place of Emperor
Zhao-di who reigned from 86 – 74 BC.

羽林郎

　　《羽林郎》是西汉诗人辛延年的著名作品。

　　"昔有霍家奴",写的是霍光家的家奴。霍光,西汉大臣,官至都尉,是霍去病的异母弟弟,在都城中极有势力,以骄宠家奴斗富。据云作者本来是要写东汉时期窦氏家族的故事,可能是怕惹权贵,更怕那些心里有病的人对号入座,于是只好把时间往前推移,就拉出西汉时期霍光家的家奴冯子都来作替罪羊,写了这样的一首乐府诗,也算得是指桑骂槐了。

酒

羽林郎①

辛延年②

昔有霍家奴③，
姓冯名子都。
依倚将军势，
调笑酒家胡④。

胡姬年十五，
春日独当垆⑤。
长裾连理带⑥，
广袖合欢襦⑦。

---

① 羽林郎：汉武帝时设羽林骑为皇室禁卫军，羽林郎是统率羽林
骑的军官。本篇的内容与诗题无关，是借用乐府旧题歌咏新
事。
② 辛延年：东汉时人，生平不可详考，可能是个歌人。
③ 霍家：指西汉霍光家。据《汉书·霍光传》记载，汉昭帝时，霍光
为大司马大将军，"爱幸监奴冯子都，常与计事"。又霍光家奴
出入御史府、大夫门，极其跋扈。
④ 胡：即下文的"胡姬"。汉代人对当时西北各兄弟民族统称为
"胡人"。
⑤ 当垆(lú 音卢)：守着酒垆卖酒。"垆"是放酒坛的土台子。
⑥ 裾(jū 音居)：衣前襟。
⑦ 合欢襦：上有合欢花纹的短袄。

乐府

头上蓝田玉①，
耳后大秦珠②。
两鬟何窈窕，
一世良所无③。
一鬟五百万，
两鬟千万余。

不意金吾子④，
娉婷过我庐⑤。
银鞍何煜爚⑥，
翠盖空踟蹰⑦。

就我求清酒，
丝绳提玉壶。
就我求珍肴，
金盘脍鲤鱼⑧。

---

① 蓝田：蓝田山，在今陕西蓝田县，古以产玉著称。
② 大秦：汉代对罗马帝国的称呼。当时罗马通过西域与我国交
  通，所产珍宝有夜光璧、明月珠等。
③ 良：确实。
④ 金吾子："金吾"即执金吾，巡防京城的武官。"子"是尊称。据
  《汉书》记载，冯子都并无官职，胡姬称之为"金吾子"，语似尊
  敬，暗寓讥讽。
⑤ 娉婷（píngtíng 音平亭）：女子仪态美好的样子，这里指恶奴的扭
  捏作态。
⑥ 煜爚（yùyuè 音玉月）：光彩耀目。
⑦ 翠盖：用翠鸟羽毛装饰的车盖，泛指华丽的车子。
⑧ 脍（kuài 音快）：把肉切碎。

羽林郎

贻我青铜镜，
结我红罗裾①。
不惜红罗裂，
何论轻贱躯②！

男儿爱后妇，
女子重前夫。
人生有新故，
贵贱不相逾。
多谢金吾子③，
私爱徒区区！

乐府

---

① 结：缚，系。这里指拉扯调戏的行为。
② 轻贱躯：胡姬自称的谦词。
③ 多谢：多多告诉。

羽林郎

霍光将军宠家奴，
可恶小人冯子都；
仰仗将军有权势，
调戏美貌卖酒姑。

卖酒姑娘年十五，
阳春三月守酒屋；
长裙襟前系绢带，
袄绣合欢盛开图。
头上镶着蓝田玉，
耳后佩着明月珠。
双颊红润似朝霞，
美貌苗条世间无；
一只环佩五百万，
两只环佩千万余。

可笑将军富家奴，
忸怩作态来酒屋；
骏马银鞍实光耀，
玉盖华车炫财富。

唤我酌清酒，
丝线系玉壶；
唤我备佳肴，
金盘鲜鱼下庖厨。

赠我青铜镜，
牵我红罗裙，
挣裂罗裙怒声斥：
何以轻贱女儿身？

男人喜新多厌旧，
女儿守志情意真；
新人与故人，
富贵不能移。
可笑恶家奴，
自作多情枉费心。

Captain of the Guard

The Huo family had a slave,
Feng Zidou by name;
Relying on the power of the High Marshal,
He ogled a Hunnish maid serving in a tavern.

This girl just turned fifteen
Was alone in the tavern one spring day
In a long gown with double girdle,
Wide sleeves and a jacket with mimosa design.
In her hair she wore jade from Lantian;
Behind her ears, pearls from Byzandum;
And so charming her two tresses,
Their like could nowhere be found,
For one tress alone was worth five million cash,
The two of them more than ten.

Who would have thought this young captain of the guard,
So debonair, would drop in!
Dazzling his silver saddle,
His carriage with kingfisher canopy waiting outside.

He asked me for clear wine,

And I raised the jade wine-pot by its silken cord;

Then he asked for a tasty dish,

And I gave him sliced carp on a golden plate.

Presenting me with a bronze mirror,

He tried to fasten it to my red silk gown;

But I would rather have my red silk torn

Than let anybody touch my worthless body!

A man will always love a second woman,

But a girl must respect her husband;

And though one has old friends and new in life,

High and low should never mix.

So thank you, captain of the guard,

Your love for me is quite worthless!

妇病行

　　贫病交加，将一个家庭推向了无尽的痛苦深渊。

　　妻子的嘱托声声血泪，衣食无着的丈夫更不知去哪里寻求帮助，走在路上遇到朋友，抱头痛哭，朋友又能有多大的力量，也只能是安慰多于解救。随同穷苦的朋友来到他的家里，看到的是一片凄凉景象，仍然是束手无策，彼此相对垂泪，谁也改变不了悲惨的命运。

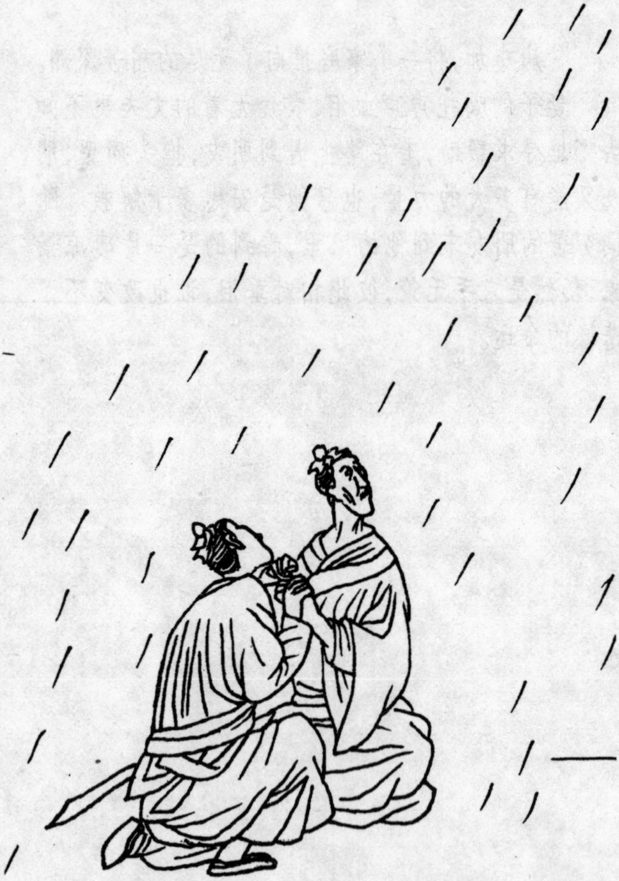

妇病行

妇病连年累岁，
传呼丈人前一言①。
当言未及得言，
不知泪下一何翩翩②。

"属累君两三孤子③，
莫我儿饥且寒④，
有过慎莫笪笞⑤。
行当折摇⑥，
思复念之⑦"！

---

① 丈人：指丈夫。
② 翩翩：连续不断。
③ 属累：托付。
④ 莫：使动词，即不要使……。
⑤ 笪(dá 音答)笞：打。
⑥ 行当：即将。折摇：即夭折，据余冠英说。
⑦ 复：据余冠英考订，此复与"服"通，亦与"思"同义，"思复念"为
三个同义字的叠用。一说，复作"反复"的本义解，强调思念之
反复，亦可通。

乱曰①：
抱时无衣，
襦复无里②。
闭门塞牖③，
舍孤儿到市。

道逢亲交，
泣坐不能起。
从乞求与孤买饵④。

对交啼泣，
泪不可止。
我欲不伤悲不能已。
探怀中钱持授。

交入门⑤，
见孤儿啼索其母，
抱徘徊空舍中，
行复尔耳⑥。
弃置勿复道！

————————

① 乱：音乐之最后一个章节，古辞多有之。但此处之乱并非诗辞之最后段落，或是另起一段，不再提及病妇，而另言孤儿之意。
② 襦：短衣。襦复无里：指短衣没有衬里。
③ 牖（yǒu 音有）：窗户。
④ 从：遂，于是。饵：食物，也可具体指面饼。
⑤ 交：友人，即前文的"亲友"。
⑥ 行：行将，就要。

妇病行

重病缠身的妇人熬度一年年，
托嘱后事，唤过丈夫到床前；
千言万语未得说，
悲痛无声泪涟涟。

"留下孤儿劳累你，
莫让孩儿受饥寒；
倘有过错莫责打，
我将长逝，
盼你情真长怀恋。"

啊唷，
断炊无米少衣衫，
薄衣难御寒；
紧锁门窗，
进城求救助，不知何时还。

路上巧遇旧亲友，
痛哭失声坐路边，
乞求暂借买米钱。

相互对泣,世事艰难,
泪流不止,谁人心中不堪怜?
解囊相助,买米买布御饥寒。

回到家中,
孤儿痛痴唤母亲,
抱起抚慰,
可他也将再像母亲那样。
百般感愤不能言。

古诗苑汉英译丛

妇病行

The Ailing Wife

A wife, ill for many years,
Calls her husband to her;
Unable at first to speak,
Tears course down her cheeks.

"Take good care, sir, of our children;
Don't let them go hungry or cold,
And if they do wrong don't beat them with a bamboo,
Or their lives will be cut short —
Remember!"

Envoi

I want to carry the child but he has no gown;
His short jacket is unpadded.
I close the door and window
To go to market, leaving him behind.

On the way I meet a friend
And sit weeping, unable to rise,
Begging him to buy my motherless child a cake,
Speaking to him I cannot stop my tears.

乐

府

第一九九页

"How can I get the better of my grief?"
I take money from my pocket for my friend.

Home again, I see my little son
Crying for his mother to hold him,
Toddling in the empty room.
"He will come to this too in the end.
Better leave him and forget him!"

木兰诗

　　一个家喻户晓的故事,歌颂了木兰姑娘的爱国精神,也描绘了一个女子非凡的志气。

　　塑造形象永远是艺术创作的最高使命,《木兰诗》所以成为千古不朽的艺术名篇,就在于它成功地塑造了花木兰的艺术形象,在女子被歧视的封建社会,花木兰能够挺身而出,报效国家,真够让那些苟且偷生的男人们汗颜。

木兰诗①

唧唧复唧唧②，
木兰当户织。
不闻机杼声，
唯闻女叹息。

问女何所思？
问女何所忆？
女亦无所思，
女亦无所忆。

昨夜见军帖③，
可汗大点兵④。
军书十二卷，
卷卷有爷名。

---

① 此诗载《乐府诗集》卷二十五，属《横吹曲辞》中的《梁鼓角横吹曲》。诗共二首，都是歌咏木兰代父从军的，这里选的是第一首。

② 唧唧复唧唧：一作"促织何力力"。

③ 军帖：征兵的文书，即下文中的"军书"。

④ 可汗(kèhán 音客寒)：古代北方民族对其君主的称呼。

阿爷无大儿，
木兰无长兄。
愿为市鞍马，
从此替爷征。

东市买骏马，
西市买鞍鞯；
南市买辔头，
北市买长鞭。

旦辞爷娘去，
暮宿黄河边。
不闻爷娘唤女声，
但闻黄河流水鸣溅溅。

旦辞黄河去，
暮至黑山头①。
不闻爷娘唤女声，
但闻燕山胡骑鸣啾啾②。

万里赴戎机③，

---

① 黑山：一说是今北京市昌平县境的天寿山，一说是今内蒙古自
治区呼和浩特市东南的杀虎山。前说近是。
② 燕山：一说是指河北省北部的燕山山脉，一说是指燕然山，即今
蒙古人民共和国境内的杭爱山。还有人怀疑是"阴山"之音讹。
前说近是。又"鸣啾啾"，一作"声啾啾"。
③ 戎机：军机，指战事。

关山度若飞。
朔气传金柝①，
寒光照铁衣。
将军百战死，
壮士十年归。
归来见天子，
天子坐明堂②。

策勋十二转③，
赏赐百千强④。
可汗问所欲，
木兰不用尚书郎，
愿借明驼千里足，
送儿还故乡。

爷娘闻女来，
出郭相扶将⑤。
阿姊闻妹来⑥，
当户理红妆。
小弟闻姊来，

---

① 金柝(tuò 音唾)：军中用来烧饭、打更的器具，形状像带柄的锅，
　 也叫刁斗。
② 明堂：统治者临朝的殿堂。
③ 策勋十二转："策勋"就是记功。"转"是升一级，"十二转"是形
　 容官阶很高。
④ 赏赐：一作"赐物"。
⑤ 郭：外城。
⑥ 阿姊闻妹来：一作"阿妹闻姊来"。

磨刀霍霍向猪羊。

开我东阁门，
坐我西阁床。
脱我战时袍，
著我旧时裳。
当窗理云鬓，
对镜帖花黄①。

出门看伙伴，
伙伴皆惊惶。
同行十二年，
不知木兰是女郎。

雄兔脚扑朔②，
雌兔眼迷离③。
双兔傍地走，
安能辨我是雄雌？

---

① 对镜：一作"挂镜"。花黄：六朝时女子的面饰。即在额间贴星、
月、花等形状的金黄纸片，或点饰黄色，称作黄额妆。
② 扑朔：形容脚乱动的样子。
③ 迷离：形容眼神慌乱不定的样子。

木兰诗

蟋蟀的歌儿呀,唱着唧唧复唧唧,
窗里的木兰姑娘拨动着织布的木机;
夜阑人静,消失了机杼的声音,
只听着木兰姑娘一声声的叹息。

"木兰姑娘呀,该是你陷入了情深的思念?
木兰姑娘呀,或者是你隐瞒着甜甜的回忆?"
不,木兰没有情深的思念,
更没有隐瞒女儿的秘密。

昨天夜晚,送来了征兵的军帖,
君王征集保卫家乡的士兵。
军帖十二卷,
每卷上都写着阿爸的姓名。

阿爸没有儿子,
木兰没有长兄;
愿扮男儿买鞍马,
代替阿爸去出征。

东市买来了骠悍的骏马，
西市买来了坚固的马鞍；
南市买来了漂亮的辔头，
北市买来了驱马的长鞭。

晨别爸妈离家园，
黄昏露宿黄河边；
再听不到爸妈唤女儿，
只听见黄河流水声溅溅。

越过黄河向北去，
夜晚走到黑山边；
再听不到爸妈唤女儿，
只听到燕山脚下入侵的蛮夷马声喧。

万里疆界，出生入死多征战，
险峰峻岭，往返飞度过关山；
军炊灶下朔风起，
盔甲铁衣月光寒。
将军牺牲多壮烈，
猛士百战恰十年；
卫国将士得召见，
天子殿前庆凯旋。

册封授勋高官位，

万千金银有重赏。
君王问儿何所欲?
"木兰不求尚书郎,
求君借得千里驼,
只送木兰回故乡。"

阿爸阿妈听说女儿回来了,
相搀出城痴张望;
阿姐听说妹妹回来了,
对着镜子巧梳妆;
弟弟听说姐姐回来了,
快快磨刀杀猪羊。

推开我东厢的房门,
坐回我西向的绣床;
脱下征战的军袍,
换穿上木兰的女儿衣裳。
凭窗梳理飘飘的长发,
对镜打扮出漂亮的姑娘。

走出闺房,重见送她回乡的军士,
身着战袍的伙伴一片惊慌,
十二年光阴同征战,
不知木兰是女郎。

雄兔走路步轻捷，

雌兔张望眼迷离；

一双娇兔并肩走，

你怎知木兰原来是女的？

The Song of Mulan

One sigh after another,
Mulan sat opposite the door weaving;
But no sound of the shuttle was heard,
Except the sighs of the girl.

When asked what she was pondering over,
When asked what she had called to mind,
Nothing special the girl was pondering over,
Nothing special the girl had called to mind.

"Last night I saw the draft dispatch,
The khan is mustering a mighty army;
The roster consists of many muster rolls,
And every roll has father's name on it.

Father has no grown son,
Nor Mulan an elder brother;
I want to buy a saddle and a horse,
And from now on fight in place of my father."

In the eastern market she bought a fine steed,
In the western market a saddle and a pad,

In the southern market a bridle,
In the northern market a long whip.

At daybreak she bid farewell to her parents,
At sunset she bivouacked by the Yellow River;
What met her ear was no longer her parents' calling,
But the gurgles and splashes of the rushing waters.

At daybreak she left the Yellow River,
At sunset she bivouacked by the Yellow River;
What met her ear was no longer her parents' calling,
But the gurgles and splashes of the rushing waters.

At daybreak she left the Yellow River,
At sunset she arrived at the top of the Black Hill;
What met her ear was no longer her parents' calling,
But the Hun horses neighing in the Yanshan Mountains.

On the expedition of thousands of miles to the war,
She dashed across mountains and passes as if in flight;
In the chilly northern air night watches clanged,
In the frosty moonlight mailed coats glistened.
Generals laid down their lives in a hundred battles,
And valiant soldiers returned after ten years in the service.

When she returned to an audience with the Son of Heaven.
The Son of Heaven sat in the Hall of Brightness.
A promotion of many ranks was granted to her for her merits,

With a reward that amounted to thousands of strings of cash.
The khan asked Mulan what she desired to do,
"I don't need any high official position,
Please lend me a sturdy camel that is fleet of foot,
And send me back to my hometown."

When her parents heard their daughter was coming,
They walked out of the town, each helping the other;
When her elder sister heard the younger sister was coming,
She decked herself out in her best by the door;
When her younger brother heard his elder sister was coming,
He whetted a knife and aimed it at a pig and a sheep.
"I opened the door of my east chamber,
And then sat down on the bed in my west chamber;
Taking off the mailed coat worn in wartime,
I attired myself in my apparel of former times;
By the window I combed and coiffed my cloudy hair,
Before the mirror I adorned my forehead with a yellow pattern. *"

When she came out to meet her battle companions,
They were all astounded and thrown into bewilderment.
Together they had been in the army for a dozen years or so,
Yet none had ever known that Mulan was actually a girl.

---

* It was the fashion among women at the time to decorate their forehead with a yellow pattern in the shape of star, moon, flower or bird.

The male rabbit kicks its fluffy feet as it scampers,
The eyes of the female rabbit are blurred by fluffy tufts of
   hair;
But when they run side by side in the field,
You can hardly tell the doe from the buck!

译后记

　　接受以当代规范语言翻译24首乐府诗的约稿之后，诚惶诚恐，只怕自己力不从心，难能信、达、雅地传达出原诗的风采；但自己又心里痒得难忍，总以为好不容易有了这样一个小试身手的好机会，过了这个村，就没有这个店了，谁还想到请一个写小说、过去也写过几首诗的作家，做这种本来属于是学者们做的事情呢？于是自不量力，也就不知天高地厚地答应下来了，反正我是想好好地把这件事做好，至于学识所限，不能传神地译出乐府诗的内在美丽，那就只能给读者留下遗憾了。好在无论什么事情都不求一律，全方位的文学创作格局，也就允许多种风格的尝试，请作家翻译古诗，未必不是一个办法，作家习惯于形象思维，也许比那些学富五车的教授、专家翻译得更有神采。何况作家们胆子也大，没有那么多的讲究，随心所欲，只要不是存心糟蹋古典精华，读者就会接受他的解读。不拘一格降人才么，怎么就不能不拘一格译古诗呢？

　　其实作家的译古诗，也并不仅仅是一种文学普及，就是学者、专家，也未必就不能从今天作家的译作里得到些许新的艺术感受。譬如由古典文学名著改编的戏曲，舞台上的许多"发展"，观众都接受了，而被老学问家看见，还是要气歪鼻子。《红楼梦》、《西厢记》怎么是这个样子呢？专家们的义愤填膺是专家们的事，舞台上的表演，自有它的观众，一只梨子可以有多种的吃法，只允许一种"变革"梨子的模式，那会有许多人不想吃梨子了。

在中国古典文学中，我对于乐府有一点点偏爱，乐府诗原都是民歌作品，朴实自然，不带文人的雕琢，清新美丽，豪放勇敢，每次诵读，都有新的体验。如今允许我于乐府诗上小试身手，就是下些功夫，不也是一种乐趣吗？

翻译中遇到的第一问题，就是风格的定位，我在译诗中努力保持乐府诗的民歌风格，即使译成当代的语言，也仍然要能够读得上口；要努力保持乐府诗的音乐性，自己首先要有一种新鲜的感觉，甚至于我把自己融入到当时的生活情境之中，类如舞台上给表演艺术家创造的规定情境，先要有情感上的投入，然后才进入二度创作境界。如此，少了些"翻译"的思想重负，而多了些创作的自由。

自然，更有个忠于原作的原则，但对于原作，绝不能过于拘泥，乐府诗于流传时为迁就歌唱性，于文字上有许多非规范之处，如果每一个字都照搬，那译作可能就变得枯燥乏味了，也就失去原作的灵性了。何况，在有的篇章里，无论是情节还是语言都有大的跳跃，如是，就要求译者将自己的解读体会，对原作做一些润色，说是译诗会比原诗好，那也是一种广告行为，但至少译者下了一些功夫。如此才令人读来不太乏味，也就说得过去了。

译诗中遇到的最大困难，还是语言，这倒不是说诗中有多少怪僻的典故，恰恰相反，乐府诗的语言本来就已经接近口语了。譬如"江南可采莲",你再如何使它"通俗易懂"呢?这时就想带着读者一起融进诗中描绘的美丽景色。于此,译者努力保持它的歌唱性,更重要是给读者以清新的艺术感受,不失原诗的秀美灵气。如此,译者也体验到了一次创作的欢乐,想来读者也会和译者一起进入那样美好的艺术境界,和采莲姑娘一起在莲塘里荡舟,享受在江南美丽景色中采莲的快乐和幸福。

初稿译出之后,自己又通读了一遍,自以为还不至于辜负读者的期待,读者于这部译稿权当作是一个诗人,或者是一个小说作家对于乐府诗的赏玩之作,如此也许能得到些许启示,对于古典文学作品,原来也允许有自己的解读,更可以有自己的再创作。不过这终究不同于时下的"戏说"之风,对于诗歌作品,永远要有一种严肃的态度,任何人都要抱有一种尊重感,万万亵渎不得。

极尽能力,译稿也就是这个样子了,读者宽容,至少会看到一种努力,看到译者的苦心,再至于专家学者,他们自会有他们的评价尺度,作为一种尝试,终究不是治学,年轻人读译诗,不是为了寻找阅读捷径,应该是能够从中发现一种新鲜的欣赏体验。如果这部译稿能够多少带给读者一点享受,这还是这些乐府诗原作所具有的魅力。译诗的过程,译者先体验了一次赏析的快乐,这已经就是一种难得的幸福了。

如此,是为跋。

林希

1999 年 12 月 3 日